东北烈士纪念馆

1948年10月10日开馆

**抗日战争时期、解放战争时期牺牲的部分英烈**

罗登贤

杨靖宇

宋铁岩

王德泰

魏拯民

柴世荣

夏云杰

陈荣久

李学福

景乐亭

朱　瑞

马仁兴

孙西林

王　肃

杨子荣

李学忠　　　　赵尚志　　　　许亨植　　　　李兆麟　　　　李延平

汪雅臣　　　　祁致中　　　　陈翰章　　　　赵一曼　　　　冷　云

陈树棠　　　　麦　新　　　　董存瑞　　　　侯成安　　　　梁士英

为新中国成立做出突出贡献的英雄模范人物

作者：葛洪强

新中国成立以来感动中国人物

作者：葛洪强

# 铭记与传承

## ——走进东北烈士纪念馆

主　编　刘春杰

副主编　王　冬　于文生

黑龙江人民出版社

**图书在版编目（CIP）数据**

铭记与传承——走进东北烈士纪念馆/刘春杰主编.
—哈尔滨：黑龙江人民出版社，2016.12（2021.8重印）
ISBN 978-7-207-10915-6

Ⅰ.①铭… Ⅱ.①刘… Ⅲ.①革命烈士—纪念馆—东
北地区 Ⅳ.①K878.2

中国版本图书馆CIP数据核字（2017）第004341号


责任编辑：李智新
装帧设计：博鑫设计

**铭记与传承——走进东北烈士纪念馆**
MINGJI YU CHUANCHENG——ZOUJIN DONGBEI LIESHI JINIANGUAN

主　编　刘春杰

| | |
|---|---|
| 出版发行 | 黑龙江人民出版社 |
| 地　　址 | 哈尔滨市南岗区宣庆小区1号楼 |
| 邮　　编 | 150008 |
| 网　　址 | www.longpress.com |
| 电子邮箱 | hljrmcbs@yeah.net |
| 印　　刷 | 北京一鑫印务有限责任公司 |
| 开　　本 | 787×1092 1/16 |
| 印　　张 | 15 |
| 字　　数 | 230千字 |
| 版　　次 | 2016年12月第1版　2021年8月第2次印刷 |
| 书　　号 | ISBN 978-7-207-10915-6 |
| 定　　价 | 68.00元 |

# 馆长的话

　　1948年10月10日，中国共产党在大城市建立的首家革命纪念馆——东北烈士纪念馆开馆。六十八年来，东北烈士纪念馆不断成长壮大，现已发展成为一个机构、多个展馆，包括东北烈士纪念馆、东北抗联博物馆、中共黑龙江历史纪念馆和伪满洲国哈尔滨警察厅旧址陈列馆，总建筑面积14 000平方米、展览面积8 060平方米的国家一级博物馆，是全国爱国主义教育示范基地、国家级抗战纪念设施、国家国防教育示范基地、全国廉政文化教育基地、全国红色旅游经典景区、全国文物系统先进集体。

　　为生动展示近代以来东北地区波澜壮阔的革命和建设历史，永志先烈事迹，弘扬先烈精神，几代东北烈士纪念馆工作者筚路蓝缕、拓荒奠基，在烈士事迹调查研究、文物征集保护与利用、陈列展览设计制作、宣教队伍建设培训、史料挖掘考证、公众服务创新、行业交流及国际合作等多方面均取得丰硕成果，使东北烈士纪念馆成为享誉国内外的龙江人民文化家园、东北抗联精神圣地，吸引着社会各界人士为之心仪向往。

　　为传历史记忆，展黑土风采，向社会公众提供更加贴心周到的服务，将丰富殷实的馆藏文化资源转化为惠民读本，让博物馆文物活起来，把博物馆带回家，我们策划编写了《铭记与传承——走进东北烈士纪念馆》一书。从中可见东北烈士纪念馆四馆陈列展览、珍贵文物文献，鲜为人知的历史故事和科研人员深入全国各地的踏察考证成果。它是广大观众来馆参观时的知心向导，离馆之后的亲切纪念，更是广大读者铭记中华民族苦难与辉煌、励志前行的精神食粮。

　　东北烈士纪念馆欢迎每一位观众的到来，这里是缅怀先烈、学习模范、陶冶情操、启迪灵魂的圣洁殿堂！这里是汲取历史智慧，继承革命传统，激发民族创造力、凝聚力的动力源泉！

刘春杰

2016年10月10日

# 目 录

**东北烈士纪念馆**

# 目 录

**伪满洲国哈尔滨警察厅旧址陈列馆**

**文物掠影**

# 东北烈士纪念馆

# 中国共产党在大城市建立的
# 第一家革命纪念馆

东北烈士纪念馆是在新中国成立之前，由中国共产党领导建立的全国首家革命纪念馆，建成开馆于1948年10月10日。它是在中共中央东北局、东北行政委员会、东北军区等领导部门的重视和老一辈革命家的亲切关怀下建立起来的。1946年4月28日，哈尔滨解放。为纪念在东北抗日战争和解放战争中牺牲的革命先烈，中共中央东北局、东北行政委员会、东北军区开始筹建烈士纪念设施。1946年8月中旬，东北解放区"各省、市代表联席会议"在哈尔滨召开，大会通过了在东北解放区《慰问抚恤烈士家属、兴建烈士纪念碑、用烈士名字命名地名、编纂烈士事迹，以志永远纪念》的提案，并确定此项工作由东北行政委员会负责。1947年4月9日，东北行政委员会在《东北日报》上发表了题为《东北人民永远怀念先烈，建纪念馆编英雄册》的公告。公告指出，为纪念革命先烈的丰功伟绩，哈尔滨市正由六十余机关团体组成"哈尔滨特别市爱国自卫战争牺牲烈士纪念堂、纪念塔兴建委员会"，计划发动人民群众出财出力，修建宏伟壮观的纪念塔和纪念碑各一座。这一消息受到东北军区副政委罗荣桓的高度重视，他建议扩大范围，修建一座纪念整个东北地区烈士的纪念馆。1947年6月，东北行政委员会决定成立"东北抗日暨爱国自卫战争殉难烈士纪念事业筹备委员会"，负责纪念馆和纪念塔的选址、募集经费、史料征集、建筑工程等事宜。东北军区政治部副主任周桓负责纪念馆的选址工作，在踏察走访多处哈尔滨市内建筑后，最后选定南岗区山街（今一曼街）的原伪满洲国哈尔滨警察厅旧址作为东北烈士纪念馆的馆址。

馆址确定后，为了使其内部结构更适于陈列布展，对大楼进行了大规模的改建维修。在维修馆舍的同时，开展了对革命文物和史料的征集工

1946年哈尔滨解放后，在中共中央东北局的领导下，8月7日至15日，在哈召开"东北各省代表联席会议"，通过《慰问抚恤烈士家属、兴建烈士纪念碑、用烈士名字命名地名、编纂烈士事迹，以志永远纪念》提案

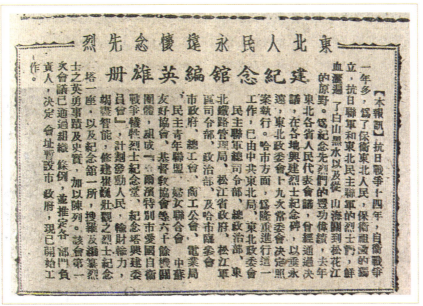

1947年4月9日，《东北日报》刊载东北行政委员会《东北人民永远怀念先烈，建纪念馆编英雄册》公告

作。东北地区党、政、军领导十分重视文物工作，东北行政委员会副主席高崇民亲自担任文物委员会主任。当时由于解放战争还在进行，东北地区还没有完全解放，征集工作有一定困难。为争取早日开馆，1948年6月24日，原东北抗日联军主要领导人、松江省政府主席冯仲云在《东北日报》上发表

1948年6月24日，松江省政府主席冯仲云在《东北日报》上发表《征求东北抗日烈士遗物启示》

了《征求东北抗日烈士遗物启示》："敬启者……唯因抗日时期久长且年代湮久，各种遗物散落各处，收集为难；因此必须由东北各界同胞，尤其抗联及抗日时期地下工作同志、烈属等共负此责，一起收齐，而使抗烈的丰功伟绩永垂千古。因此举凡烈士之遗物、遗作、遗影、遗留之武器，烈士曾经活动之地点、墓地及抗联活动遗迹、战地之摄影、埋藏之旧物武器文件，日寇伪满有关抗联及东北抗日活动之各种照片、书籍、材料及其他一切可资纪念品，如有保存者或知其所在地者，务请于七月以内径送或来信通知松江省政府冯主席为荷。"

东北各机关、部门及烈士家属亲友，非常支持这项工作，积极捐献文物、资料。东北军区政治部还把各部队在东北战场上牺牲的烈士档案和烈士遗物转交东北烈士纪念馆保存，为烈士事迹陈列奠定了物质基础，为开馆创造了条件。

经过一年半的筹备，1948年10月

1953年1月1日，周恩来向革命烈士敬献的花圈

10日，东北烈士纪念馆正式建成开馆，并与"东北抗日暨爱国自卫战争烈士纪念塔"同时举行了隆重的揭幕典礼。上午9时，由"筹委会"主持，东北烈士纪念馆与"东北抗日暨爱国自卫战争烈士纪念塔"同时举行了隆重的揭幕典礼。中共中央东北局、东北行政委员会、东北军区及哈尔滨市委、市政府等哈尔滨党政军各界代表200余人参加了开幕典礼，并向死难烈士敬献了花圈。东北行政委员会副主席高崇民和哈尔滨市市长朱其文揭幕，高崇民致悼词。在悼词中，高崇民追述了革命先烈在十四年的抗日战争和三年的解放战争中，为

2009年9月23日，习近平向东北烈士纪念馆无名烈士塑像敬献的花篮

民族独立和人民解放而英勇斗争的献身精神。东北党政军主要领导人林枫、罗荣桓、高崇民、周保中、冯仲云、李延禄、谭政等为东北烈士纪念馆开馆题词。中共中央东北局、东北行政委员会、中国人民解放军司令部、东北军区政治部联合题词"为人民牺牲永垂不朽"；林枫的题词是"为革命而死，虽死犹生"；罗荣桓题词为"革命遗迹，永垂示范"。

　　建馆近70年来，刘少奇、周恩来、贺龙、彭真、罗荣桓等党和国家领导人和社会各界知名人士郭沫若、李济深、梅兰芳、田汉等先后来馆参观并留下珍贵的题词、题诗。2013年1月，中国佛教协会副会长、第十一世班禅额尔德尼·确吉杰布来馆参观并留言。

　　2009年9月23日早8时50分，时任中共中央政治局常委、中央书记处书记、国家副主席、中央党校校长习近平在黑龙江省调研期间，专程来馆参观并向无名烈士塑像敬献花篮。

烈士纪念馆
烈士纪念塔 今日揭幕
同時舉行萬人追悼大會

【本報訊】修建年餘規模宏偉的東北烈士紀念館及紀念塔定雙十節上午九時在哈市舉行揭幕典禮。東北解放區各地黨政軍民各界均將派代表參加。預定典禮畢後，即進行參謁烈士館。並於十時在烈士紀念塔前，召開萬餘人的追悼大會。向爲解放東北獻身的烈士獻花致祭。

《东北日报》关于东北烈士
纪念馆开馆的报道

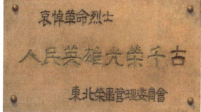

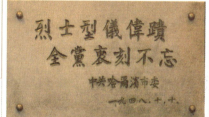

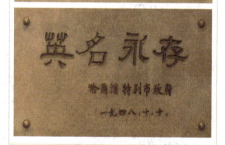

1948年10月10日，东北地区及哈尔滨特别市党、政、军各级领导部门为庆祝东北烈士纪念馆开馆所送的牌匾

1948年10月10日，中国共产党在大城市建立的第一家革命纪念馆——东北烈士纪念馆开馆

自建馆以来，东北烈士纪念馆先后进行过5次烈士事迹的更新陈列，内容与形式不断完善和提高，更具科学性和艺术性。同时，为了配合形势教育，更好地体现时代精神，东北烈士纪念馆适时推出一些大型专题展览和临时展览。近年来举办的专题展览主要有《劫难与辉煌——纪念世界反法西斯战争胜利50周年文物图片展》《历史的瞬间——前苏联战地记者摄影作品展》《光辉的历程——黑龙江省纪念建党八十周年展览》等，取得了良好的社会效益。近70年来，通过各种宣教形式接待观众4000余万，其中包括来自120多个国家和地区的外宾、侨胞及港、澳、台同胞。

东北烈士纪念馆1957年抗日战争时期
烈士事迹陈列

东北烈士纪念馆1979年解放战争时期烈士事迹陈列

东北烈士纪念馆1978年抗日战争时期烈士事迹陈列

2005年8月15日，为纪念中国人民抗日战争暨世界反法西斯战争胜利60周年，《黑土英魂——东北抗日战争时期烈士事迹陈列》主题展览隆重开幕

　　东北烈士纪念馆拥有丰富的烈士事迹资料与文物馆藏。1957年，烈士馆专业人员先后三次赴桦川县与集贤县之间的七星砬子山里，发掘出抗联独立师七星砬子兵工厂文物200余件，进一步充实了馆藏。在此基础上，对东北抗联史、东北烈士事迹的研究不断深入，取得了丰硕成果。

　　近年来，烈士馆加强了与国际博物馆界的交流与合作。目前，已与俄罗斯、朝鲜、日本等国的相关博物馆建立了学者交流与展览互换关系，还多次与日本友好团体开展侵华日军中苏边境军事要塞的学术调查，对于侵华日军边境要塞的研究在国内首开先河。

　　东北烈士纪念馆自建馆以来，多次受到国家和省市各级部门的表彰，曾荣获"全国青少年教育基地""雏鹰行动达标基地""德育基地"等称号。1995年被国家文物局评选为"全国优秀爱国主义教育基地"，1996年被国家六部委联合命名为百个"全国中小学生爱国主义教育基地"，1997年被中宣部授予"全国爱国主义教育示范基地"称号，在黑龙江省精神文明建设中发挥了重要作用。2008年实行免费开放服务，是全国首批国家一级博物馆、全国文物系统先进集体、国家国防教育示范基地、全国红色旅游经典景区。

　　东北烈士纪念馆赴俄罗斯布拉戈维申斯克市阿穆尔州地志博物馆举办《共同的胜利——世界反法西斯共同战争中国东北抗战图片展》

　　清明节，少年儿童在东北烈士纪念馆重点英烈厅聆听杨靖宇将军的感人事迹

东北烈士纪念馆

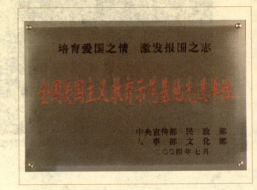

文明单位

中共黑龙江省委员会
黑龙江省人民政府

军警民共建共育
先进集体

中共黑龙江省委员会
黑龙江省人民政府

黑龙江中共党史教育基地

中共黑龙江省委
二〇一三年十月

黑龙江省五一巾帼建功先进集体

黑龙江省总工会
黑龙江省妇女联合会
二〇一六年三月

黑龙江省直属机关
关心下一代
教育基地

授予:东北烈士纪念馆党委
先进党组织

中共黑龙江省文化厅直属机关委员会
二〇〇七年七月

# 黑土英魂
## ——东北抗日战争时期烈士事迹陈列

　　东北烈士纪念馆是全国建立最早的纪念抗日战争烈士和解放战争烈士的纪念馆。半个多世纪以来，在周恩来、朱德等许多中央领导和革命前辈及黑龙江省委几届领导的关怀下，纪念馆成为几代人瞻仰英烈，激发民族精神和爱国热情的大课堂，是中宣部等六部委首批命名的"百家爱国主义教育示范基地"之一。2005年8月15日，在全国隆重纪念抗战胜利60周年之际，东北烈士纪念馆推出基本陈列《黑土英魂——东北抗日战争时期烈士事迹陈列》。

　　《黑土英魂——东北抗日战争时期烈士事迹陈列》以东北各界军民与日本侵略者浴血奋战的斗争历程为背景，充分展示为国捐躯的爱国英烈伸张正义、守土有责、不畏强敌、勇于牺牲的民族精神和维护世界和平的高风亮节。突出表现中国共产党人及其抗日队伍中具有重大影响的烈士的英雄事迹，以激励后人热爱祖国、建设祖国、贡献人类的献身精神和不懈奋斗的坚定信念。

　　本陈列内容为民族危亡时刻、创建人民抗日武装、夜幕下的抗日斗争、东北抗日武装的脊梁和抗日战争的最后胜利五个部分，共展出主要烈士265位，烈士名录619位，照片478张，图表10幅，景观8处，艺术品66件。陈列设计站在世界反法西斯战争必胜的历史高度，以1931年九一八事变到1945年八一五日本天皇宣布投降，东北人民抗击日本侵略十四年的历史为主线，集中展示在民族危亡之时，有血性的华夏儿女从自发到有组织的抗击侵略者的不朽业绩，讴歌中华儿女为民族独立和解放及为世界和平而战的牺牲精神。

　　本陈列设计在原展的基础上，本着和党的方针政策、抗战史研究的最新成果、人民群众的精神需求和文博馆陈列的最新科技成果相一致的原则，从内容到形式与时俱进，进行较大幅度的改革、创新和提高。内容上增加了抗战初期东北义勇军和不同社会阶层、不同国籍、不同民族抗日烈士事迹，从始至终贯穿抗日民族统一战线的思想；注重英烈人物和所处社会环境与历史事件的关系。以足够的空间、版面和实物，突出展示重大历史事件和历史转折中牺牲的重要人物的事迹；对烈士感人至深、发人深省和具有人性、人生价值的英雄作为，以全

《黑土英魂——东北抗日战争时期烈士事迹陈列》获奖证书

新的方式重笔细描，以贴近真实的情境，给观众以身临其境的感受，并采用电脑触摸屏储存馆藏烈士的生平资料，供观众查阅。

本次陈列设计版面文字准确生动，具有严谨的科学性和引人入胜的可读性，成为引导观众走近历史、了解英烈、深入思考的桥梁和纽带。新的陈列设计方式采用具有一定科技含量、符合本馆展厅面积的陈列手段和工艺，制作精细考究，内容和形式达到高度融合、完美统一。

2009年，《黑土英魂——东北抗日战争时期烈士事迹陈列》荣获第八届全国博物馆十大陈列展览精品评选精品奖。

东北烈士纪念馆

前言

　　1931年九一八事变爆发，向世人表明日本帝国主义蓄谋已久侵占中国东北的阴谋，已成为血淋淋的现实。

　　灾难深重的东北大地，尸骨遍野、血流成河。愤怒的东北同胞义勇当先，为保卫家园、捍卫国土，奋起抗争。

　　在民族危亡的关键时刻，中国共产党发出抗日号召，团结民众，组建反日游击队、东北人民革命军和东北抗日联军，与日本侵略者殊死搏斗，直至抗战最后胜利。

　　东北抗战十四年，是光辉、悲壮的十四年。其坚持之长久、环境之艰苦、斗争之惨烈，是中国近现代史和世界反法西斯斗争史上所罕见的。

　　今天，我们缅怀先烈，耳边依然萦绕着向敌人冲杀的呐喊、临刑前的怒吼和留给后人的叮咛……

　　烈士的英灵留给我们无尽的精神财富。他们为伸张民族正义、保卫祖国不怕牺牲的英雄气概，将永远激励华夏子孙为祖国的强大、人民的富裕和世界的和平而不懈奋斗。

1931年，九一八事变爆发，日本侵略军乘东北军奉命不抵抗之机，大举进犯，占据辽吉，染指黑龙江。

中国守军奋起抵抗，江桥战役打响了中国人民有组织具规模的抗战第一枪。

东北沦陷后，东北各地抗日浪潮风起云涌，爱国军民纷纷高举抗日义勇军的旗帜，四面出击，痛歼日本侵略者。

当缺乏统一组织，分散在各地的东北义勇军力战受挫的时候，中国共产党高举抗日民族统一战线的旗帜，为人民抗日武装斗争指明了方向。

继义勇军而起的抗日游击队和东北人民革命军，开展灵活机动的战略战术，建立根据地，形成抗日游击区，打击了侵略者的嚣张气焰。

第三部分　夜幕下的抗日斗争

日本侵略者对我抗日武装实行残酷围剿的同时，对沦陷区人民施以野蛮的殖民统治。

无数爱国志士和热血青年，凭着对祖国人民的忠诚，凭着对法西斯强盗的仇恨，在黑暗中播火，在敌人背后战斗。

他们宁愿坐穿牢底，血洒刑场，也绝不低下高贵的头！

当东北各地的爱国军民处在斗争最艰难的时刻，1936年建立的东北抗日联军，成为中国共产党领导的有组织、有纲领、有觉悟的抗日武装。

抗联各路军在敌人推行"集团部落"政策、与人民群众隔断联系、给养严重匮乏的恶劣条件下，与敌人展开殊死搏斗，成为中华民族反侵略斗争史上的壮举。

为国捐躯的抗联将士和各族优秀儿女，是当之无愧的民族英雄；为共同抗击法西斯而牺牲的不同国度的友人，是当之无愧的国际主义战士。

## 第五部分 抗日战争的最后胜利

1945年8月8日，苏联对日宣战，百万红军势如破竹，挺进东北。浴血奋战十四年的抗联将士，乘胜回师，日本关东军迅即溃如山倒。

8月15日，日本天皇宣布无条件投降。

但是，集结在中苏边境一带的日军，龟缩于固垒坚壁，负隅顽抗。8月末，虎头、东宁等日军要塞随着惊天炮响，土崩瓦解，宣告了世界反法西斯战争的最后胜利。

结 束 语

东北人民历经日本帝国主义十四年的血腥殖民统治，终于抬起了头，见到了光明。

在民族危难的时刻，无数中华民族的优秀儿女，为了祖国的独立和解放，流尽了最后一滴血，献出了宝贵的生命。

他们用鲜血和生命铸成的伟大民族精神，永远留在了一代又一代后人的心里。

回望历史，我们无比珍视中朝人民并肩战斗，用鲜血凝成的浓厚友谊；我们不会忘记苏联红军和东北人民共同战胜日本法西斯的日日夜夜。

瞻望未来，我们要继承先烈的遗志，让和平的旗帜，在人类的家园高高飘扬！永远飘扬！

# 抗联领军第一人杨靖宇

青年时期的杨靖宇

杨靖宇是东北抗日联军第一路军总司令兼政治委员，是东北抗日联军的主要缔造者和指挥者，伟大的抗日民族英雄和坚定的共产主义战士。

杨靖宇，原名马尚德，1905年生于河南省确山县。1923年在开封第一工业学校读书期间接受了共产主义思想。大革命时期，杨靖宇积极从事农民运动，领导了确山、刘店农民暴动，是河南确山农民革命政权的领导人。大革命失败后，杨靖宇光荣加入了中国共产党。1929年春，党派杨靖宇到东北，化名张贯一，在抚顺煤矿从事工人运动，任中共抚顺特别支部书记。期间两次入狱，备受折磨，始终坚强不屈。

九一八事变后，杨靖宇先后担任中共哈尔滨市道外区委书记、市委书记、中共满洲省委军委代理书记。1932年11月，党派杨靖宇到南满巡视，领导组建南满游击队，创建了以磐石县红石砬子为中心的游击根据地。1933年5月末，杨靖宇在哈尔滨参加了满洲省委会议，听取了《一·二六指示信》精神。会后，杨靖宇要返回南满游击队，因为缺少路费，就把自己的大衫和褥子送进当铺。他把当票交给党的地下工作者姜椿芳的母亲保存。后来当票到期，姜母将这两件东西赎出来，珍重地保存着。

杨靖宇领导的南满游击队，在长白山区建立了广大的根据地。1934

年，东北人民革命军第一军成立，杨靖宇任军长兼政委。同年被中华苏维埃第二次全国代表大会缺席选为中央政府执行委员。

1936年2月杨靖宇任东北抗日联军第一军军长兼政委，6月任东北抗日联军第一路军总司令兼政委，在辽宁本溪东部山区，曾一举歼灭伪军警备旅，敌少将旅长、汉奸邵本良部。1937年7月，全国抗战爆发。在杨靖宇的指挥下，抗联第一路军频繁出击，有力地配合了全国抗战。

抗日战争时期杨靖宇将军使用过的名章

1938年，日军集中兵力疯狂"讨伐"东北抗联，东北抗日战争进入艰苦阶段。10月17日，杨靖宇率领第一路军总部警卫旅和少年铁血队在临江县岔沟遭到日伪军1500多人的重重包围。杨靖宇临危不惧，沉着应战，打退敌人多次进攻。深夜，杨靖宇指挥部队从敌人防御薄弱但地形险要的西北角突出重围。岔沟之战，我军歼敌70多人。

1938年11月，中共中央扩大的六届六中全会发出《给东北义勇军及全体同胞电》，对以杨靖宇为代表的东北抗日联军的斗争给予高度评价，给长期孤军作战的东北抗联广大指战员以极大鼓舞。

1940年1月，在日伪军重兵围困下，杨靖宇为保存力量，打击敌人，组织部队分散突围，自己带领十几名战士来到吉林省濛江县一带活动。战斗中，战士们相继牺牲，最后只剩下杨靖宇一个人。他在完全断粮的情况下，同敌人周旋奋战了五昼夜。2月23日下午，杨靖宇在吉林省濛江县（今靖宇县）保安村三道崴子山上被大批日伪军包围，他隐蔽在一棵大松树后面，双手开枪猛烈射击。敌人叫喊着让杨靖宇投降，但回答他们的是一连串仇恨的子弹。激战一个小时后，杨靖宇左手负伤，他继续用右手向敌人射击。敌人狂叫着扑了上来，杨靖宇毫不畏惧，手里的匣枪仍然喷射着火焰。这时一颗子弹打中了他的胸膛，杨靖宇壮烈殉国。时年35岁。

杨靖宇牺牲后，残暴的敌人割下他的头颅，剖开他的腹部，发现胃里

东北烈士纪念馆

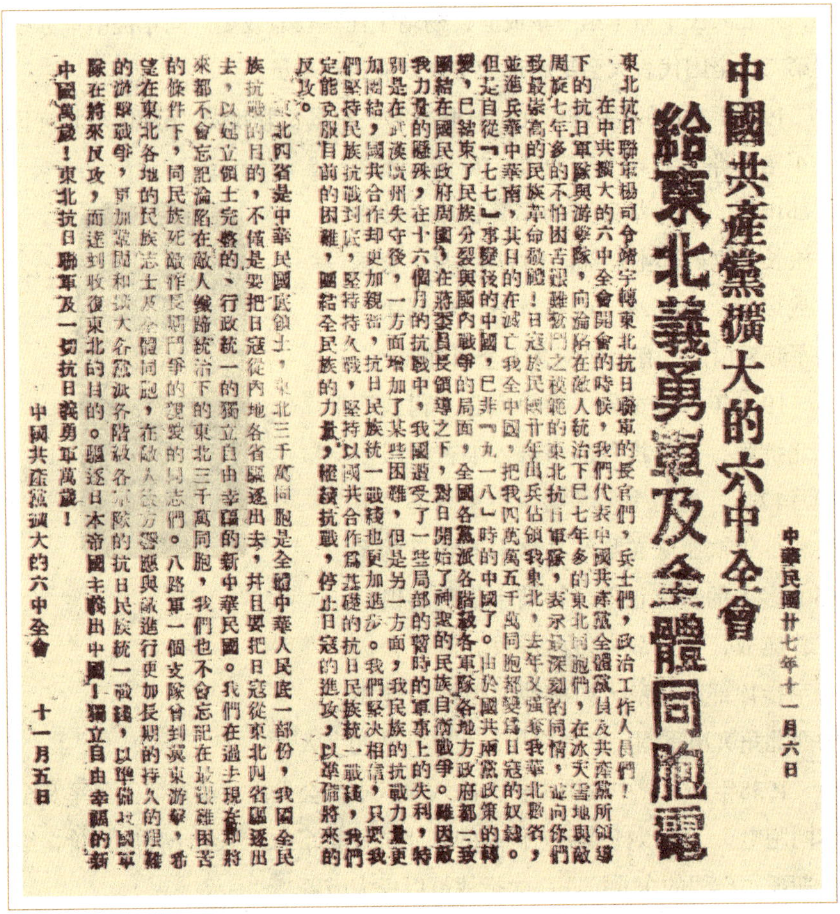

中國共產黨擴大的六中全會

中華民國廿七年十一月六日

給東北義勇軍及全體同胞電

中共中央扩大的六届六中全会发出的《给东北义勇军及全体同胞电》

没有一粒粮食，只有草根、树皮和棉絮。

据说，杨靖宇殉国后，伪满吉长地区"讨伐"司令官野副昌德寝食不安，噩梦不断。为此，指示部下伪满通化省警务厅长岸谷隆一郎，将遗弃在荒冢间被积雪掩埋的杨靖宇将军遗体，安上了一个木制假头，盛入棺椁，安葬在濛江县（今靖宇县）保安村，还亲自出席了为杨靖宇将军举行的"慰灵祭"，企图减轻内心的恐惧。1945年，日本投降前夕，缉捕杀害杨靖宇将军的元凶岸谷隆一郎深感罪责难逃，剖腹自杀。

1946年，为纪念杨靖宇英勇抗日的光荣一生，中国共产党决定将杨靖

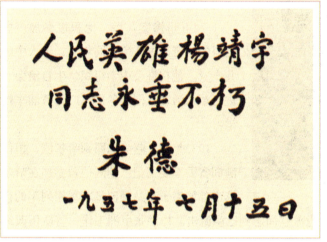

右詠楊靖宇將軍
一九四九年五月書奉
東北烈士紀念館
郭沫若

頭顱可斷腹
可剖烈愾難
消志不磨碧
血青蒿兩千
古於今赤旗
滿山河

1949年5月，郭沫若为杨靖宇题诗

人民英雄楊靖宇
同志永垂不朽

朱德

一九五七年七月十五日

1957年7月，朱德为杨靖宇题词

宇牺牲的濛江县改名为靖宇县。1949年5月，著名爱国民主人士郭沫若到东北烈士纪念馆参观，当他看到杨靖宇烈士遗首时，感慨万分，当即挥毫写下了"头颅可断腹可剖，烈忾难消志不磨，碧血青蒿两千古，于今赤旗满山河"的感人诗句。

1958年2月23日，在杨靖宇牺牲18周年纪念日，吉林省通化市靖宇陵园落成，党和人民怀着沉痛的心情，将英雄的遗首和遗体安葬在陵园内。中共中央、国务院和毛泽东、刘少奇、周恩来、朱德等党和国家领导人，以及金日成、崔庸健等国际友人分别送花圈致哀，并高度评价了杨靖宇光辉的战斗一生。

# 铁骨忠魂赵尚志

赵尚志

赵尚志是东北抗日联军著名将领，抗日民族英雄。1908年生于辽宁省朝阳县，后随家迁居哈尔滨。

"五卅惨案"后，他积极参加声援上海的反帝爱国斗争。同年夏，加入中国共产党。他在许公中学组织学生自治会，进行革命活动。同年冬进入广州黄埔军校学习。

1932年初，赵尚志回到哈尔滨，担任满洲省委军委书记。期间他曾参加在哈尔滨市郊城高子车站颠覆日军军用列车的行动。1932年6月，党派赵尚志到巴彦游击队协助张甲洲工作，将队伍改编为中国工农红军第三十六军江北独立师，赵尚志任参谋长。

1933年1月，巴彦游击队失败。赵尚志只身来到宾县抗日义勇军孙朝阳部，当了一名马夫，在战局不利时主动献计，使部队转危为安，被任命为参谋长。同年10月，在珠河县三股流创建了党领导下的抗日武装——珠河反日游击队，赵尚志任队长，在珠河、宾县一带

赵尚志将军青年时期就读的许公中学旧址，现为哈尔滨市文物保护单位

位于今哈尔滨市道外区集良街26号的赵尚志将军故居

位于今哈尔滨道里区西四道街的一毛钱饭店旧址，赵尚志将军曾到此寻找党组织

联合义勇军英勇作战。1934年6月，珠河游击队扩编为哈东支队，赵尚志任司令。

1935年后，赵尚志历任东北人民革命军第三军军长、东北抗日联军第三军军长、北满抗联总司令等职。指挥部队转战于松花江流域、小兴安岭山麓，冲破敌人的"讨伐"围剿，开辟了新的游击区。

1937年3月，赵尚志在西征途中，在通北冰趟子一带，指挥部队利用地形优势巧妙地伏击敌人，以少胜多，歼灭日伪军300余人。

赵尚志曾多次入狱，身陷囹圄仍与敌人展开顽强的斗争，又因抵制王明、康生错误路线两次被错误开除党籍。但他始终对党忠诚不渝，他说："我死也要死在东北战场上。"

1941年10月，赵尚志带领一支5人小分队从苏联回到东北，在萝北、鹤立、汤原一带开展游击活动。1942年2月12日，在袭击鹤立县梧桐河伪警察分所时，赵尚志被混入队内的特务击伤腰腹部，他迅即掏枪将特务击毙，后在昏迷中被俘。敌人对他进行突击审讯，他对伪警察说："你们不也是中国人吗！现在你们出卖了祖国……还有什么可问的呢。"说完后狠狠地瞪着敌人，闭口不语。8小时后壮烈牺牲。时年34岁。

1982年，中共黑龙江省委根据中央组织部提议，恢复赵尚志的党籍，称"赵尚志同志的一生，忠诚党的事业，是个坚贞的共产主义战士"。

东北烈士纪念馆

29

# 不落的红星李兆麟

李兆麟是东北抗日联军第三路军总指挥，著名的抗日民族英雄。原名李超兰，化名张寿篯，1910年生于辽宁省辽阳县。

九一八事变后不久，李兆麟离开家乡，赴北平加入"东北民众抗日救国会"。

1933年秋，李兆麟来到哈尔滨，在中共满洲省委任

李兆麟将军及家人合影

军事巡视员，协助赵尚志建立了珠河游击队。1936年，李兆麟任东北民众反日联军总司令部政治部主任、东北人民革命军第六军代理政治部主任，负责领导建立汤旺河后方根据地。

1938年，为了冲破日军的重兵包围，李兆麟根据北满省委的指示，组织在松花江下游的抗联各军分批转移。同年冬，他率领最后一批部队，从老白山密营出发，翻越小兴安岭向黑嫩平原远征。

部队出发时，已是隆冬季节，厚厚的积雪覆盖了小兴安岭的山林，李兆麟率队行进在百里不见人烟的林海雪原。他们既要与饥饿、严寒抗争，又要与追剿的敌人周旋。白天，他们分成几支小部队行动，夜间集中宿营。身上带的粮食吃光了，只能从倒木上找一些干蘑菇充饥，甚至把皮带剁成小碎块，煮一煮吞吃下去。

夜晚，战士们在零下四十几摄氏度的森林里露营，大家点燃篝火，温暖冻僵的双脚，烘烤被雪水浸透的包脚布和乌拉草，有的战士烤着烤

着就睡着了。有一次，一个小战士因寒冷、劳累和饥饿，神志不清，一头扑进火堆里，当战友们把他拉出来时，他已经牺牲了。以后每次露营时，李兆麟总是提醒战士们离火堆远一点，他坐在篝火旁边，一面向火堆加柴，一

李兆麟任滨江省副省长时用木箱和草垫搭成的床

面和其他领导同志一起研究第二天部队的行动计划。天气特别冷的时候，他怕战士冻坏了，不得不把大家叫起来活动一下再睡。

在艰难的西征途中，李兆麟和他的战友们共同创作了著名的《露营之歌》。

1939年初，李兆麟任东北抗日联军第三路军总指挥，领导第三路军各部广泛开展平原游击战，开辟了北满抗日斗争的新局面。1941年底，李兆麟率部转入苏联境内整训。1942年任东北抗联教导旅政治副旅长。1945年8月，抗联教导旅配合苏联红军出兵东北，与八路军、新四军协同作战，打败了日本侵略者。

抗战胜利后，李兆麟率100余名抗联干部到达哈尔滨，建立了东北抗日联军驻哈尔滨办事处，积极开展建立党组织、建立人民军队和政权的工作。不久，他出任滨江省副省长兼哈尔滨中苏友好协会会长。

当时他住在哈尔滨市南岗区大直街上一栋陈旧的楼房里，室内陈设十分简陋。抗战胜利后，李兆麟还一直保持着艰苦奋斗的作风。1946年3月9日，李兆麟在水道街9号被国民党特务杀害，时年36岁。

李兆麟的遇害激起了哈尔滨人民和全国人民的无比愤慨与悲痛。

人民永远不会忘记李兆麟将军为中华民族独立和自由所做的贡献。

东北烈士纪念馆

# 镜泊英雄陈翰章

陈翰章

1940年春天，日伪军采用毒辣的"篦梳"战术，从各地调集大量兵力，妄图彻底歼灭抗日联军。抗联部队与敌人的战斗越来越频繁，武器给养日益缺乏，恶劣的环境给抗日联军的活动造成了极大的困难。2月，抗日联军第一路军总司令杨靖宇壮烈牺牲。消息传到第三方面军指挥陈翰章率领的部队，同志们沉浸在悲痛中。追悼会后，战士们化悲痛为力量，在陈翰章将军率领下，攻下了敦化县黄泥河子车站，缴获了很多粮食和布匹。

第二天一早，部队撤退到牛心顶山，在一座大庙里休息时，被敌人的飞机发现，遭到了疯狂的扫射和轰炸。战斗中陈翰章的左大腿被子弹打穿，他简单地包扎了一下，忍痛继续指挥战斗。

战士们打退了敌人一次又一次的进攻。战斗从下午2点开始，一直打到晚上8点。天黑了，敌人停止进攻。半夜时，陈翰章在两个战士的搀扶下，带着大队，抬着伤员，趁天黑突出重围，转移到二龙山密林休整。队伍休息下来，开始给受伤的同志治疗。当时部队的生活条件非常艰苦，药品和医疗设备极少，一般都是用一些草药来治伤。有时连食盐水都没有，只能用热水洗一洗伤口。

由于流血过多，再加上急行军和没有很好地包扎，陈翰章的伤口因感染而化脓了，整个大腿肿得像水桶似的。他忍着疼痛，虽然不能下地行走，可是依旧在地铺上研究军事计划。他对伤病员的健康情况十分关心，一再嘱咐干部们要特别照顾好伤员，使他们能早日恢复健康，但他对自己的伤势却一点也没放在心上。

眼看着陈翰章的伤势越来越重，军医非常焦急，就把仅有的半瓶具有止痛和消炎作用的黄碘药膏拿来，准备给他用。陈翰章得知这是部队仅存的药品后，坚决拒绝使用。

他让警卫员烧了一盆开水，又向军医要来一块白布，准备用土法来治伤。在没有麻醉的条件下，用这种方法来清除伤口里的脓血，其疼痛是常人难以忍受的。这时陈翰章拉开架势，叫军医拿筷子把白布探进伤口中。对着陈翰章腿上的伤口，军医手中举着缠上白布条的筷子，久久不敢下手。陈翰章见他不忍心下手，就自己咬紧牙关，一把拿过筷子，把白布猛地捅进伤口里，他的腿痉挛得发抖，额头渗出一片豆大的汗珠。停了一会儿，他深吸一口气，从贯通伤的另一端拉出了布头，然后来回拉动。尽管当时天气还很寒冷，但陈翰章脸上的汗珠随着布条的抽动直往下淌。黄黑色的脓血被布条带了出来，流出的血逐渐地由黑转红，直到流出了鲜红的血。期间陈翰章咬着嘴唇，忍着钻心的疼痛，始终没有哼一声。这需要多大的毅力呀！

陈翰章伤好后，又继续率领部队，不断打击敌人，缴获大量粮食与物资。仅在1940年的夏季，陈翰章就指挥部队与敌人进行了大小几十次战斗，打得敌人惊恐万状，坐卧不安。日伪军把陈翰章率领的部队看作是"眼中钉，肉中刺"，悬赏五千元捉拿陈翰章。

1940年12月8日，由于叛徒告密，1000多名敌人在宁安县小湾湾沟包围了陈翰章率领的十几名战士。在两个多小时的激战中，抗联战士们以一当百地打退了敌人四五次冲锋，但在敌人猛烈的火力下，战士们也接连牺牲。陈翰章沉着地指挥战士们与敌人殊死决战，右手和胸部负伤后，仍猛烈地射击敌人，掩护战士突围。敌人集中火力向他射击。陈翰章身中数弹，倒在血泊中，敌人扑上来夺去了他手中的武器。陈翰章怒瞪双眼，大骂敌人。敌人用刀子在他脸上乱砍，最后剜出他的双眼。抗日民族英雄陈翰章为祖国的独立和解放流尽了最后一滴血，牺牲时年仅27岁。

# 爱国志士伊作衡

伊作衡

1943年5月7日，在伪齐齐哈尔第一监狱的走廊上，一位面黄肌瘦的文弱书生，拖着沉重的脚镣，向难友们告别："黑暗不会长久，中华民族解放的日子一定会到来，大家要保重身体！"他激昂地唱起《义勇军进行曲》，从容走向绞刑架。他就是抗日爱国志士伊作衡。他为自己光辉的31年人生，画上了一个完满的句号。

伊作衡，1912年生于齐齐哈尔市。他当过学徒，念过私塾，后来考入省立一中。1930年秋，经进步教师介绍，加入国民党。九一八事变后，进步青年纷纷逃亡关内，寻找收复国土之策。伊作衡也逃亡到北平，先入郭述唐国术馆，后入国民党教育部主办的"国立东北中山中学"。

在校期间因反对派争，公开指责校方对进步学生的迫害，受到记过处分，不久后转入弘达补习学校，积极投入"一二·九"爱国学生运动，反对不抵抗主义，走上积极抗日救国的道路。

1936年，伊作衡考入辅仁大学教育系学习。年末与罗淑兰结婚。1937年7月7日卢沟桥事变后，日军占领了华北地区。1938年秋，伊作衡毅然辍学，全身心投入抗日救国斗争中。他接受国民党地下抗日组织"东北调查室"派遣，就任东北调查室哈尔滨分室主任，兼任东北调查室主任石墨棠的联络员。为了搜集情报，他踏遍了白山黑水，结交了无数爱国人士。

1939年底，天津英租界内的国民党总机关被日寇查抄，伊作衡奉命撤退到关内。1940年3月他回到北平，5月即被日本宪兵逮捕。6月越狱失败，受尽了酷刑。连妻子也受牵连，被管制了两个月。

妻子罗淑兰和朋友四处奔波，并由父亲伊辅臣等筹措了4000元伪币，才将伊作衡以"保外就医"名义接出监狱。伊作衡明知敌人不会放过他，便立即化装出逃，来到天津英租界隐蔽养伤。

1940年9月，伊作衡奉命赴日本东京，接任反日团体负责人。以日本大学预备班留学生的身份为掩护，宣传反日思想，扩大爱国组织，广泛团结爱国青年，动员他们返回祖国，参加反日救国斗争。

太平洋战争爆发前，为了集中力量打击日本侵略者，国民党东北调查室和东北党务办事处合并为"东北现地动员委员会"。伊作衡被调回国任哈尔滨地区的负责人。他四处奔走，到处联络反日力量。他认为中国共产党人是真正抗日力量，并主动与他们接触，共商反日大计。他主张万众一心，团结抗日，才是救亡的上策。他在伪军中做策反工作，在他的劝导下，有三位团职军官弃暗投明，倒戈反日。

1941年12月15日，伊作衡从外地刚回来，征尘未洗，便被日本宪兵逮捕。负责伊作衡专案的是杀人不眨眼的日本宪兵曹长土屋芳雄。

伊作衡被敌人当作重点人物审讯，敌人以各种刑罚和手段来折磨他，但是未能得到任何有价值的口供。伊作衡对于叛徒提供给敌人的线索，能推就推，推不了就自己揽过来，掩护了大批爱国者。

狱中关押着几位中共领导下的抗联战士和地下工作者。伊作衡佩服他们的坚定反日立场，主动以在手上画字的方法，为他们传递信息。在狱中他与中共人士肝胆相照，风雨同舟。他认为：大敌当前，国家处在危亡之际，要丢掉派争，不谈信仰，竭诚合作，共同对敌，要在抗日救国大业上统一起来。只有团结起来，中华民族就不可辱，中国就灭亡不了，胜利的日子就不会太远。

1988年1月7日，齐齐哈尔市人民政府颁发荣誉证书，高度赞扬伊作衡先生"生的光荣，死的壮烈"，并授予他反满抗日爱国志士称号，以表彰伊作衡先生崇高的爱国精神。

# 人民炮兵的缔造者朱瑞

朱瑞

1945年6月，中国共产党第七次代表大会闭幕后，中央决定由朱瑞同志担任军委副总参谋长。闻讯后朱瑞立即找到毛泽东主席，表示自己曾在苏联克拉辛炮兵学校学习过，在长期的革命实践中，深刻地认识到建设一支炮兵的重要性。他详细陈述了自己建设人民炮兵的设想，希望在炮兵建设方面做些工作。毛泽东十分赞赏他高瞻远瞩的战略眼光，鼓励他"放手做，做一个桥头堡"。不久，朱瑞被任命为延安炮兵学校代理校长。1945年9月炮校第一期1000多名学员毕业，这批学员后来成为人民炮兵的重要骨干。

日本投降后，朱瑞率炮校干部和学员由延安出发，跋涉两个多月，步行3000余里，于11月下旬到达东北，计划接收日式装备，组建一支新的人民炮兵。但是东北的情况并非传说中所说的"大炮六千，骡马成群，弹药堆积如山"。他们从苏军手里接收的只是一些破旧的火炮。朱瑞及时制定了"分散干部，搜集武器，发展部队，建立家园"的指导方针，并且身体力行，带领大家到各地搜集日军武器装备。到1946年5月，共搜集到各种火炮700余门，炮弹50余万发，坦克12辆，汽车22辆，以及各种零件和器材，为建设东北人民炮兵奠定了初步的物质基础。

1946年4月，炮校由通化迁往牡丹江。为了迅速发展人民炮兵，朱瑞及时提出"变学校为部队，拿部队当学校"的办学方针，将炮校500多名干部分散到各军区及总部炮兵旅等单位，培养了一批炮兵骨干，为炮兵的扩建准备了干部。1946年6月延安炮校更名为炮兵学校（1949年为纪念朱瑞改名为朱瑞炮校）。至辽沈战役前，炮校已培养了2000多名干部。

10月，东北民主联军以东北炮兵学校为基础成立炮兵司令部，朱瑞任炮兵司令员。至此，我军炮兵已形成了一个完整的指挥系统，发展成为一个独立的兵种。

在1947年1月至4月的"三下江南，四保临江"战役中，炮兵先后派出70多个连队参战。在双城召开的炮兵会议上，朱瑞总结作战经验，提出炮兵要集中使用，火力要快、准、猛，以及攻坚作战、步炮协同和抵近射击等一系列炮兵战术原则，为炮兵建设与作战原则指出了明确的方向，极大地提高了炮兵的实战能力。这些战术原则，在解放战争和后来的抗美援朝中发挥了重大作用，并被编入《炮兵条令》。

1948年秋，决战东北的辽沈战役即将开始，朱瑞不顾个人安危，坚决要求亲赴前线指挥炮纵作战，以便更好地总结炮兵在大规模运动战和攻坚战中的作战经验。

9月12日，东北解放军包围义县。总攻前，朱瑞的身影一直活跃在前沿阵地。在敌人炮火的连续进攻中，他泰然自若，指挥部队察看地形，选择阵地，配置兵力，布置主要火力点。

10月1日上午，人民炮兵严阵以待，总攻即将开始，终日奔忙的司令员眼中没有一丝倦意，炯炯有神的目光中透出沉着坚毅的神态。随着总攻令的下达，数炮齐发，一颗颗炮弹呼啸着飞向敌营，顷刻间，城墙被撕开一条宽40多米的裂口。朱瑞脸上露出欣慰的笑容，下令炮火延伸射击，步兵在炮火的掩护下，不到6小时即全歼守敌，胜利拉开辽沈战役的序幕。

硝烟未散，纵深战斗仍在激烈地进行，为及时考察总结炮兵打突破口的经验，朱瑞走出指挥所，奔向突破口。不幸，踏响一颗反坦克地雷。

这位功勋卓著的炮兵司令员没能听到凯旋的号角就将鲜血洒在了这片即将解放的黑土地上。他是牺牲在东北战场上的我军最高级别的军事将领。

惊闻朱瑞牺牲的消息后，中共中央立即发出唁电："朱瑞同志在中国人民解放军炮兵建设中功勋卓著，今日牺牲，实为中国人民解放事业之巨大损失，中央特致深切悼念，望转告全军，继续为革命战争的彻底胜利而奋斗！朱瑞同志永垂不朽！"

东北烈士纪念馆

# 四平名将马仁兴

马仁兴

在东北解放战争中，我军曾四战四平，威震中外，时先任保安一旅旅长、后为独立一师师长的马仁兴率部三次浴血奋战四平街，是四战四平战役中我军牺牲的最高级别指挥员。

1946年1月8日，国民党"接收大员"刘翰东率部抢占四平，成立了国民党辽北省政府和四平市政府。他们在城内外修筑工事，准备迎接国民党主力部队的到来。

东北民主联军为打击和阻滞国民党军队的疯狂进攻，决定解放四平。战场指挥由西满三师十旅旅长钟伟、保安一旅旅长马仁兴等人负责。

3月17日凌晨，民主联军参战部队从东、西、北三个方向同时发起进攻。经过10余小时的激战，歼灭国民党守军夺回军事要地四平。东北民主联军总部随即迁入四平城内。

四平被夺，蒋介石如坐针毡。他命令部队迅速北进，"在4月2日前占领四平"。

为了在苏军撤走后占领长春、哈尔滨、齐齐哈尔等大城市，保住北满根据地，根据中共中央的指示，东北民主联军总部决定集中兵力，在四平地区阻击北进之敌，"坚决与敌决一死战！"为此，成立了四平卫戍司令部，辖两个团，马仁兴任总指挥。

1946年4月18日，四平城区争夺战正式打响。激战9天后，双方形成对峙状态。

为尽快夺取四平，国民党军于5月3日将占领本溪的新六军、五十二军调往四平，使其攻打四平的兵力增加到10个师。此后，敌军在飞机、坦克、大炮的掩护下，轮番向我四平守军发起猛烈进攻。为了赢得主动，保存有生力量，以利再战，民主联军于5月18日晚撤出四平。直到最后一个战士安全转移，马仁兴才离开阵地。

历时32天的四平保卫战结束了。中共中央给予了充分肯定："四平之战我军坚守一个月，抗击敌军10个师，表现了人民军队顽强、英勇的精神，这一斗争是有历史意义的。"

1947年4月，经过无数次战斗洗礼的保一旅扩编为西满纵队独立一师，马仁兴任师长。5月，独立一师与其他兄弟部队一起参加了东北我军大反攻的第一个战役——夏季攻势，一举解放了40余座城镇。为了进一步扩大战果，孤立长春、吉林之敌，东北民主联军总部决定发起四平攻坚战。马仁兴率部三战四平。

1947年6月14日晚8时，总攻开始了。马仁兴独一师担任四平西北方向中路进攻的突破任务。为了及时清楚地掌握部队进展情况，他不顾个人安危，爬到29米高的水塔上指挥攻城。打开突破口后，他又紧随部队在雨夜泥泞的道路上颠簸前进，坚持在最前沿指挥。这使广大指战员深受鼓舞，作战更加英勇顽强。

惨烈的争夺战继续至23日。由于部队伤亡较大，独一师奉命撤退休整，南下打援。马仁兴立即召开干部会议，细致地部署了秘密撤退方案。当他知道全师已安全转移时，才舒了一口气，同其他领导一起从指挥部防空洞里走出来。面对几次浴血奋战的四平阵地，他无比留恋，提议再看看兄弟部队是怎样组织进攻的，以便总结经验。这时，一颗流弹呼啸着飞过来，击中了马仁兴的左胸，他不幸壮烈牺牲，时年43岁。

为纪念这位战功卓著的四平名将，东北行政委员会、人民解放军司令部及政治部决定，将四平市最繁华的共荣大街改名为"仁兴大街"。中共辽宁省委做出"永远纪念与追赠马仁兴同志为辽吉功臣"的决定。

东北烈士纪念馆

# 独胆英雄陈树棠

陈树棠

1947年3月4日晚，辉南县城硝烟弥漫，枪炮声响成一片，东北民主联军收复辉南县城的战斗正在激烈地进行着。火光硝烟中，高大魁梧、动作敏捷的三纵八师战士陈树棠手握步枪，与战友老李正沿街搜索前进。突然，从一家商店的门缝里传出谈话声："快吃，晚了咱们就跑不出去了。"陈树棠立刻意识到里面有敌人。他左手提枪，右手握着拉开弦的手榴弹。"当"的一脚踹开门板，大吼一声："不许动！要不就让你们和我的手榴弹会会餐。"这几个敌人立时吓得目瞪口呆，乖乖地举起了双手。

陈树棠让老李看着俘虏，他自己准备继续往前冲。一转身，正与敌人的一个小传令兵撞个照面。小传令兵看见陈树棠，转身就往回跑，陈树棠紧追不放。追至一条胡同里，小传令兵不见了，陈树棠谨慎地搜索着。这时，从一个大院里传来嘈杂的脚步声和叫喊声。他凑近一看，有几十名敌人正在集合。怎么办？硬打，寡不敌众；退回去报告，敌人就会跑掉。形势紧急，陈树棠下定决心:宁肯牺牲自己，也要消灭这批敌人。他眼珠一转，决定智取。他端着枪冲进大院，大喊一声："你们被包围了，缴枪不杀！"话音刚落，一颗子弹"啪"地从敌群里射出来，呼啸着从他耳边飞过。陈树棠镇定自若，立即回了一枪，并高喊："同志们，快出来，敌人跑不了了！"敌人以为真的被包围了，连忙喊道："别打！别打！我们交枪。"他们放下武器，站到旁边。陈树棠立即抓起敌人的一挺轻机枪；命令他们进到一间屋子里，他把机枪架在门口，监视着这群俘虏。不一会儿，战友们上来了。陈树棠把缴获的1挺轻机枪，1支战防枪，43支步枪，3门六〇炮和和61名俘虏交给了领导。

陈树棠在战斗中机智勇敢，缴获重大，获得纵队首长的嘉奖，被授予"独胆英雄"的光荣称号，记特殊功一次，并颁发给他银质红星战斗英雄奖章一枚。

1947年5月开展夏季攻势，陈树棠所在部队进到清原县草市南边的王家油坊，阻击来援之敌。在这次战斗中，陈树棠再次发扬了勇猛果敢的大无畏精神，他带领的3人小组俘敌40名，取得了以少胜多的战果。由于功绩卓著，师和纵队党委对他传令嘉奖，记特等功一次，提升他为一排副排长，同时授予他毛泽东奖章一枚。

1947年6月下旬，艰苦卓绝的四平攻坚战正在进行。25日，陈树棠所在部队奉命在开原县八棵树村东南山制高点三六六高地设防，阻击增援四平之敌。敌五〇六团多次发起进攻，均被击退。

6月27日上午，敌增援部队五〇五团进入八棵树村。中午，敌人两个连的兵力在飞机、大炮的掩护下，向我主阵地疯狂进攻。陈树棠和战友们顽强拼搏，多次打退敌人的轮番进攻。

黑压压的敌人又冲上来了。陈树棠沉着地依在一块大岩石旁，准备好手榴弹，正要扔出去，一颗子弹飞来，打中他的腹部，他身子一歪，倒在地上，鲜血涌流出来。同志们见他负伤了，要把他抬下去，陈树棠坚决不同意，命令他们说："不要管我，掌握部队要紧，一定要把敌人打下去。"

敌人蜂拥着包围上来，越来越近，越来越近，陈树棠大吼一声："你们这些卖国贼来吧！"随后，毅然拉响了手榴弹，随着"轰隆"的巨响，我们的英雄陈树棠与敌人同归于尽。此时，英雄年仅23岁。

英雄壮烈牺牲后，部队和地方政府共同决定：命名三六六高地为"树棠山"；英雄生前领导的一排被命名为"树棠排"。部队还拨出专款作为"陈树棠奖金"，号召全军创造出更多的"陈树棠式独胆英雄"。

东北烈士纪念馆

# 时代歌手麦新

麦 新

"大刀向鬼子们的头上砍去，二十九军的弟兄们，抗战的一天来到了……"这歌声，曾激励成千上万的劳苦大众和爱国志士前赴后继，英勇杀敌。今天，当我们重新唱起它时，更加深深地怀念这首《大刀进行曲》的作者，人民音乐家——麦新。

麦新原名孙培元，1914年12月5日出生在上海一个比较富庶的职员家庭里。九一八事变后，目睹侵略者蚕食中国的领土，麦新为祖国的前途深感忧虑。

1932年1月28日，日本侵略者大举进攻上海，驻上海的十九路军在上海人民和全国各地人民一致要求抗战的呼声下，奋起抗击日寇。麦新积极投入到抗战的行列中，参加邹韬奋先生主编的《生活》周刊，为前方将士和青年义勇军募集军需和慰劳品，并到前线救护伤员。

在全国抗日救亡运动的高潮时期，原来由基督教青年会全国学生干事刘良模先生创办的"民众歌咏会"已经成为闻名遐迩的抗日救亡的群众歌咏团体。麦新是该会的老会员，并做领导兼指挥工作。在这里他结识了聂耳、冼星海等新时代音乐的旗手和先驱，感受到革命音乐鼓舞同胞、教育民众的巨大作用和力量。为了扩大影响，麦新与会员们一起走出教室，开展救亡歌咏活动。

1937年7月7日，卢沟桥的炮声打响了。中国共产党代表全国人民的利益发表庄严的宣言："要求南京中央政府，切实援助二十九军，并立即开放全国民众的爱国运动，发扬抗战的民气。"麦新深深地感到只有中国共产党才能真正代表人民的利益。一天，当他参加文化界救亡团体举行的中外记者招待会回来时，天色已经很晚了，为二十九军大刀队英勇杀敌精神振奋不已的他仍无丝毫睡意，大刀队19岁的战士陈永德一人持刀连杀9个敌人，缴获日寇枪支13支的英雄壮举仿佛就在他的眼前，他索性捧起萧红的《生死场》一口气读下去，当他合卷准备入睡时，突然迸发出一股强烈的创作欲望，他一跃而起，走到窗前，东方已经发白。望着东方绚丽的曙光，他自言自语地念叨着："抗战的一天来到了"，接着又情不自禁地吟唱起来。这自然流露的曲调，热情奔放、铿锵有力，并富有极强的号召力。他兴奋地迎着东方的旭日挥动着拳头高声唱着："大刀向鬼子们的头上砍去，二十九军的弟兄们，抗战的一天来到了，抗战的一天来到

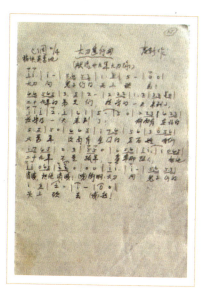

麦新手稿：《大刀进行曲》

了！"就这样，一首时代的不朽之作，驰名中外的《大刀进行曲》在这个宁静的早晨，从他这颗激动的心中迸发出来。从此这铿锵有力的旋律响彻全国，震撼着大地，成为振奋民族精神、争取民族解放的号角。

　　不久，麦新参加了由郭沫若倡导组建的"战地宣传队"，深入到国民党军队做政治宣传工作。1938年3月加入了中国共产党，1940年麦新被批准离开国民党部队来到革命圣地延安，在鲁迅艺术学院任音乐系党支部书记。抗战胜利后，我党派大批干部和军队奔赴东北。麦新到东北后，组织分配他在内蒙古的开鲁县工作。他宣传、组织农民武装与土匪展开艰苦卓绝的斗争。1947年6月6日，麦新和通讯员小王一起参加县委工作会议，会议结束返回的途中，不幸与土匪相遇。在激战中，腹部多处中弹，光荣牺牲。时年33岁。

东北烈士纪念馆

# 舍身炸敌堡的董存瑞

董存瑞

东北烈士纪念馆珍藏着一枚珍贵的毛泽东奖章，这枚奖章的主人就是闻名全国的战斗英雄董存瑞。董存瑞牺牲时年仅19岁，他气壮山河的英雄壮举，至今为人们所称颂。

董存瑞出生在河北省怀来县南山堡。

1945年9月，董存瑞参加冀热察军区第九旅成为一名八路军战士。在解放赤城、延庆阻击战等几次战斗中他表现得勇敢顽强，多次受到记功奖励。1947年3月，加入中国共产党。

1948年5月，为支援东北战场，董存瑞所在部队执行消灭国民党十三军，解放全热河的任务。他们进攻的首要目标是热河省会承德的大门——隆化。当时董存瑞是十一纵三十二师九十六团六连六班的班长，他所在的六连的任务是从东北角突破城墙，占领隆化中学。

战前，董存瑞几次请战，担任了突破外围工事的爆破任务。25日凌晨，战斗打响了，当苔山制高点被我军强大炮火摧毁以后，董存瑞、李振德冒着弹雨，越过敌人的重重火力封锁，连续炸掉了敌人4个炮楼、5个碉堡，隆化中学的东北角被打开了。

下午，我军再次发起攻击，六连向隆化中学猛扑过去。突然，遭敌人强大火力的集中扫射。原来，狡猾的敌人在隆化中学东北角横跨旱河的一座桥上安设了一座暗堡，以6挺机枪组成交叉火力网，封锁了我军前进的道路。为迅速炸掉这座碉堡，董存瑞和战友们纷纷请战。但连续上去两个爆破组，都没有完成任务。离总攻只有15分钟了，董存瑞急得眼里冒火，再次挺身请战。连长终于批准了他的请求，并叮嘱他要沉着勇敢。董存瑞紧握拳头说："放心吧，不完成任务，我就不回来！"指导员激动地抓住他的肩膀，深情地说："不，一定要回来！"

董存瑞挟起炸药包冲了出去。敌人的机枪疯狂地吼叫着，子弹在他耳边嗖嗖地飞过。董存瑞在火力组的掩护下，一会儿匍匐前进，一会儿就地翻滚，忽然鱼跃而起躬身飞跑，当他快要接近火力点时，一下扑倒在地上一动不动。多少双眼睛盯着他啊，董存瑞倒下了吗？时间一分一秒地过去，连长双眉紧蹙，手心浸出了一层冷汗。突然董存瑞僵直的两腿缩了回去，他猛地蹿上壕沟顺着陡坡一直滚到了桥底下。董存瑞贴着壕沟壁站了起来，桥底离地面有一人多高，两旁是光滑的水泥墙壁，无法安放炸药。如果把炸药放在河床上，又无法发挥效力。怎么办？这时，嘹亮的冲锋号声在身后响起，总攻的时刻到了，部队像潮水一样从侧后方奔来，敌堡中的机枪像发了疯似地吐着火舌，董存瑞看着冲上来又纷纷倒下的战友们，焦急万分。突然，一个念头闪过他的脑际，他毅然用左手拖起炸药包，紧紧贴住桥形暗堡，右手镇静地拉响了导火索。导火索咝咝地冒着白烟，董存瑞泰然自若，如一座屹立的山峰岿然不动，他向着冲锋的战友高喊："为了新中国，前进！"

随着天崩地裂的一声巨响，这座顽固的敌堡被炸得粉碎。我军潮水般冲入隆化中学，红旗飘扬在隆化城上空。董存瑞用自己的热血和青春，为部队开辟了胜利的道路。

1948年6月，纵队党委追认董存瑞为战斗英雄，追赠毛泽东奖章一枚。

1959年5月，朱德同志为董存瑞烈士纪念碑题词："舍身为国，永垂不朽！"

东北烈士纪念馆

# 七月英雄侯成安

侯成安

在东北解放战争中，涌现出许多著名的战斗英雄，侯成安同志就是其中一位。

侯成安1925年出生于山东省沂源县郑王庄一户贫苦农民家里。1942年2月，17岁的侯成安被国民党抓壮丁，被迫入伍，编入国民党第五十一军新兵连。在受训期间，受尽折磨。1943年秋天，侯成安借部队混乱之机，悄悄逃回家乡郑王庄。

回乡后，侯成安看到刚刚被八路军解放不久的郑王庄和过去大不一样。阎四鬼子等地主恶霸不再露面，新来的区长三天两头到庄子里来，向大家宣传抗日，讲共产党领导穷人翻身闹革命的道理。从此，侯成安积极参加抗日救国活动。不久，他响应组织号召报名参军，成为山东纵队一旅二团的一名战士。

1945年秋天，抗日战争胜利后，为了建立巩固的东北根据地，侯成安所在部队奉命挺进东北，不久改编为东北民主联军第七旅，后又改编为东北民主联军第三纵队第七师，侯成安在七师二十团三营九连任班长。

1947年初，在跟敌人生死搏斗的战场上，侯成安光荣地加入了中国共产党。同年1月，侯成安所在的九连参加了保卫临江战役。在1月8日"一保临江"的桦皮顶子战斗中，侯成安因作战勇敢受到部队首长的表扬，并立普通功一次。2月17日，在"三保临江"战役的金川南部大通沟战斗中，侯成安立了一次大功。不久，侯成安被提升为九连二排排长。

1947年7月1日，东北地区我军"夏季攻势"的最后一次战斗，是在梅河口北部打敌新六军。上级决定由侯成安任排长的二排担任主攻，他们的任务是在半夜前拿下北山的三个山头。当晚，侯成安带领全排战士，经过激烈战斗，抢占了北山三个制高点，战斗结束后，二排被评为集体功，侯成安被记一次特等功，并且获得"七月英雄"的荣誉称号，上级授予他"特功奖章"一枚。

1947年12月中旬，我军开始发起"冬季攻势"战役。

1948年1月6日，侯成安所在的三营，在敌人飞机轰炸、扫射及炮火封锁下，通过了十五里平原地区，投入了战斗。下午，开始向敌人最后的集结点闻家台猛攻。

1月7日凌晨两点，九连打进了闻家台，在敌新五军军部附近展开激战。这时九连连长和指导员都负了重伤，营长命令侯成安代理连长。

战斗中机枪手杨金贵牺牲，侯成安抓起机枪猛打，并且命令战士们加强火力，掩护突击排前进。突然，敌人扔过来的一颗手榴弹在侯成安的身旁爆炸了，他的腿部被炸伤。他刚要转身，不幸又飞过来一颗子弹，打穿了他的脖子。侯成安抱着机枪，昏倒在地上。

弹药手爬过来抱起侯成安，嘴里不住地叫着："侯排长！侯排长！"侯成安慢慢地睁开了眼睛，发现弹药手抱着他，就坚决地说："别管我，快去，守住阵地！"说完，又昏了过去。弹药手轻轻地放下侯成安，瞪着两只血红的眼睛，抓起侯成安的机枪就打，并且哑着嗓子，向战士们高喊："同志们，为侯排长报仇！"

战斗结束了，战士们都来看望受了重伤的侯成安，告诉他战斗胜利的消息："侯排长，我们胜利了，闻家台的敌人被我们全部歼灭了，敌军长、师长都被我们活捉了！"

侯成安的脸上浮起了胜利的微笑，他张了张嘴，但是没有说出话来，接着又慢慢地合上了眼睛，时年23岁。战士们摘下了帽子，低着头，站在侯成安的遗体前默哀。

侯成安英勇牺牲后，师部申请纵队党委批准，追赠给他"毛泽东奖章"一枚，他生前所领导的二排被命名为"侯成安排"，以志永久纪念。

# 战斗英雄梁士英

梁士英

辽宁省锦州市有一条宽阔、笔直的路，是用一位英雄的名字命名的，他就是在辽沈战役中舍身炸碉堡的战斗英雄梁士英。

1948年9月12日，辽沈战役在东北战场拉开了帷幕。毛泽东和中央军委高瞻远瞩，把我军战略突破点定在锦州。锦州是东北国民党军的战略门户，是东北与关内联系的陆路要冲、咽喉之地。国民党军深知锦州的重要，一直苦心经营，修筑了坚固的城防工事，且派兵防守，驻军达10万之众。在察觉了我军战略意图后，敌指挥部紧急部署，计划从沈阳空运两个军，增强锦州的防务力量。我军发现敌人增援行动后，迅速组织火力，用大炮破坏了敌人的飞机场，迫使敌人停止空中增援计划。敌人原本预定空运两个军兵力，但仅有两个团到达了预定的防务地点。

10月1日，东北我军向锦北屏障义县发起攻击，激战4小时，全歼守敌。我军在肃清锦州外围守敌后，集中25万兵力，向锦州城发起总攻。10月14日11时，3颗绿色信号弹腾空升起，我军火炮齐发，顷刻间，锦州城被淹没在浓烈的硝烟之中。随着炮火的延伸，攻城部队发起冲锋，梁士英所在的二纵五师十五团八连作为尖刀连，冲在最前面。战士们冒着枪林弹雨如同猛虎般冲向突破口，很快摧毁了敌人的第一道防线。我军立足未稳，敌人就疯狂反扑过来。梁士英临危不乱，一口气投出了10多颗手榴弹，打退了敌人的进攻。我军战士乘胜追击，逼近敌人的第二道防线。突然，从紧靠路基的一座碉堡里喷出两条火舌，封锁了我军前进的道路。

这时，梁士英所在的尖刀连已与炮兵失去联系，后续部队正如潮水般涌上来，如不及时除掉这个火力点，必将阻碍大部队的前进，而且会造成重大伤亡。被敌人火力压制在路基下面的8连战士心急如焚，连长当机立断，让梁士英炸掉碉堡。接到命令后，梁士英脱下棉袄，把袖口挽了挽，披上两颗手榴弹，提起两米多长的爆破筒，飞快地冲向目标。敌人的火力更猛了，子弹在梁士英四周呼啸而过，打得泥土飞溅。梁士英匍匐前进很快来到碉堡前10多米处的一个小土坡。他甩出两颗手榴弹，在爆炸的浓烟掩护下跳到碉堡前，侧身揭开了爆破筒的底端，对准敌堡的射击口猛塞进去。当他转身要跳开时，爆破筒被敌人推了出来，掉在离碉堡不到半米的地方，吱吱冒着白烟。生死关头，梁士英拾起爆破筒，左腿抵住碉堡，右脚支撑着向前倾斜的身体，用尽全身力气将爆破筒顶进敌堡，站在那里纹丝不动。路基下，战友们的心被揪了起来，谁都明白眼前的情景对梁士英意味着什么。连长放大嗓门急呼："梁士英，我命令你回来！"随着"轰"的一声巨响，碉堡被炸飞了，梁士英的身影随着迸裂的土石融进蔚蓝的天空。霎时，一切仿佛都凝固了，只有战友们心中的怒涛在汹涌。突然，战场上迸发出排山倒海般的喊杀声，"冲啊！为梁士英报仇！"战友们踏着烈士用鲜血打开的道路，奋勇向前。15日18时，历经31个小时激战后，锦州攻城战胜利结束。

攻克锦州的胜利，关闭了东北国民党军队进出的大门，为辽沈战役的全面胜利迈出了关键的一步。解放锦州第二天，部队为梁士英召开隆重的追悼大会。锦州市以他的名字，命名一条街道为"士英路"，并将锦州西北门改称为"士英门"，表达对英雄的永久怀念。

东北烈士纪念馆

# 杨靖宇的大衫

　　东北烈士纪念馆收藏有抗日民族英雄杨靖宇将军的多件珍贵遗物，其中一件就是他在1932年任中共满洲省委和哈尔滨市委书记时穿的灰哗叽大衫。这件大衫衣长120厘米、胸围宽100厘米。大衫的个别地方已磨损、断线，但基本完好。当年杨靖宇同志穿着这件大衫去工厂、学校、郊区、农村，积极组织、动员工人、农民和知识分子开展抗日救亡运动。

　　1932年11月，中共满洲省委派杨靖宇去南满巡视党的工作，整顿党的组织和南满游击队。临行前由于路费不足，杨靖宇便将这件大衫送进"当铺"当了，换了点钱作为去南满的路费。1933年5月，满洲省委召他回哈尔滨向省委汇报工作情况和讨论贯彻《一·二六指示信》精神。回到哈尔滨后，组织上安排他到省委宣传部干事姜椿芳家里住，他便把存在"当铺"里的大衫赎了出来继续穿用。参加完省委会议后，6月上旬，杨靖宇准备返回南满。离开哈尔滨前，他将大衫第二次送进"当铺"，换了钱作路费，并将"当票"交给姜椿芳的母亲（张长生）保存，告诉姜母说："我把大衫存放在当铺里，当来的钱可在路上花销，等我下次来哈尔滨时，再赎出来穿用。"姜母说："当票一年期满，到时候一定要赎出来，不然就成了死号了。"杨靖宇说："我不到一年就会再来哈尔滨的。"第二年"当票"期满前，姜母见杨靖宇还没回来，就拿着"当票"把杨靖宇的大衫赎出来，一直盼望着杨靖宇回哈时用。

　　杨靖宇到南满后，领导游击队（后改编为东北人民革命军第一军第一独立师和东北抗日联军第一军）与日寇浴血奋战，1940年2月在濛江县保安村西南三道崴子壮烈殉国。1952年何成湘到姜椿芳家探望姜母时，将杨靖宇已于1940年壮烈牺牲的消息告诉了姜母。姜母得知这一情况非常悲痛，她把一直珍藏着的杨靖宇的大衫拿出来看了又看，用颤抖的语调说：

"原本想把大衫交给杨靖宇本人，这已经是不可能的了。"何成湘说："东北烈士纪念馆正在展出杨靖宇的事迹，这件大衫是很有教育意义的遗物。"姜母庄重地把这件大衫交给何成湘，后来由冯仲云转交东北烈士纪念馆。

这件曾两次被送进当铺的大衫，是杨靖宇在哈尔滨从事抗日活动期间的重要文物，充分反映了杨靖宇艰苦奋斗、勇于奉献的高尚品质，具有重要的历史价值。1996年，这件大衫被国家文物局专家鉴定组确认为国家一级文物。

1931---1933年，杨靖宇在哈尔滨做地下工作时穿的大衫

东北烈士纪念馆

# 赵尚志的手枪

　　1941年初，东北抗日游击战争进入极端艰苦阶段，抗联部队进行战略转移，陆续进入苏联境内进行野营整训，并不断派遣小部队回东北继续进行斗争。1941年10月，赵尚志带领4名同志组成的小部队，从苏联回到东北鹤立县（今鹤岗）北部山区活动。当时赵尚志只带一支步枪，和他一同回来的张凤岐将自己佩带的柯尔特式自动手枪送给赵尚志使用。他们整日冒着零下四十多摄氏度的严寒，战斗在小兴安岭的丛山密林里。12月间，敌人得到赵尚志小部队在那一带活动的重要情报，于是进行阴谋策划，想方设法捕杀他。伪鹤立县兴山警察署派警备队长以下25人，进行了7天搜山，未发现赵尚志的踪迹。1942年1月上旬，敌人再次制定诱捕赵尚志的计划，决定派曾当过伪梧桐河采金会社警务队小队长的刘德山去完成诱捕赵尚志的任务。刘德山伪装成猎手和收山货的老客潜入鹤立县北部山区。几天后，刘德山与赵尚志小队相遇，经跟随赵尚志的姜立新（他早年与刘相识）介绍，刘德山留在了队里。刘德山伪装积极，多次提供假情报，骗取赵尚志的信任。接着特务张锡蔚又以刘德山的朋友为名，打入赵尚志小队。

　　1942年2月12日凌晨，赵尚志被特务刘德山诱骗，去袭击鹤立县伪梧桐河金矿局警备分驻所。当行至距警察分驻所2公里的吕家菜园子附近时，刘德山从背后向赵尚志开枪，赵尚志的腰部和腹部中弹，但其头脑非常清醒，他忍着剧痛，回身连射两枪，将特务刘德山击毙。赵尚志知道自己伤势严重，难以脱险，即把装有文件和活动经费的背包交给身边的战士，命令他们迅速转移。赵尚志身负重伤被俘后，在敌人面前正气凛然，忍着剧痛同敌人进行最后的顽强斗争。怒斥审讯他的伪警察说："你们不也是中国人吗？你们出卖祖国当卖国贼，该杀！"说完闭口不语。8小时后因伤势过重，壮烈殉国，年仅34岁。敌人也不得不承认赵尚志"缄口不语，一直藐视审讯官，置刀枪伤的痛苦于不顾。显示无愧于'匪'中魁首之尊严。"

　　赵尚志牺牲后，他使用的手枪被敌人得去，存于伪鹤立县警务科，后曾被伪警察们使用。1948年东北烈士纪念馆建馆时，当地公安人员找到此枪，献交东北烈士纪念馆收藏，后被国家文物局鉴定为国家一级文物。

1942年，赵尚志将军使用的手枪

东北烈士纪念馆

# 赵一曼写给宁儿的信

　　九一八事变后，党组织派赵一曼到哈尔滨从事抗日斗争。1935年11月，她在黑龙江省珠河县（今尚志市）与日寇战斗时，不幸身负重伤被俘，受尽酷刑折磨，始终坚贞不屈。1936年8月2日凌晨，日寇把赵一曼从哈尔滨押送回珠河县处死"示众"。在去珠河的火车上，赵一曼知道最后的时刻到了，不禁思绪万千，想念远在异国他乡的丈夫和寄养在汉口亲戚家已经7岁的儿子，不知他们现在都是什么样子。越思念亲人越痛心，她无愧于祖国和人民，唯感遗憾的是未能与丈夫长相伴、未能使儿子得到母爱亲情。但她坚信革命是一定会胜利的，所以决定给儿子留下最后的心声和箴言，让他知道母亲悲壮的结局，以期受到激励，更好地成长。于是她向押送的警察要了纸笔，给儿子写下了一封感人肺腑、催人泪下的信：

　　宁儿：
　　母亲对于你，没有尽到教育的责任，实在是遗憾的事情。
　　母亲因为坚决地做了反满抗日的斗争，今天，已经到了牺牲的前夕了。
　　母亲和你在生前是永远没有再见的机会了，希望你，宁儿啊！赶快成人，来安慰你地下的母亲。
　　我最亲爱的孩子啊！母亲不用千言万语来教育你，就用实行来教育你，在你长大成人之后，希望不要忘记，你的母亲是为国而牺牲的。

一九三六年八月二日
你的母亲赵一曼于车中

　　赵一曼在留下写给宁儿的信后壮烈殉国，日本人将此信上交存档，并翻译成日语和原件一起保存在档案中。日本战败后，一位朝鲜族同志魏金化曾被抽调到专案组协助审理战犯，魏金化在第二任伪满洲国哈尔滨警察厅厅长卷宗中查到赵一曼烈士被关押在伪满洲国哈尔滨警察厅时的资料，他将此信由日文翻译成中文，这封信由此传出来。

东北烈士纪念馆工作人员在1964年与魏金化同志接触，据其介绍，在其阅卷过程中曾看到过此信原件，并证实信是用铅笔所写。原件目前已无法找寻，应该是阅卷时工作人员整理到其他卷宗中去了。现东北烈士纪念馆收藏有赵一曼写给宁儿的信的日文档案和从日文档案翻译而成的中文稿。

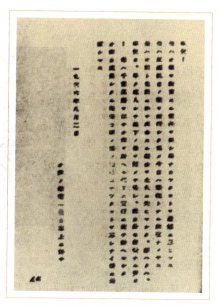

1960年代，东北烈士纪念馆的温野同志长期调查研究赵一曼事迹，从赵一曼儿子、同学、战友处得到了部分珍贵资料，进而他又深入赵一曼家乡宜宾市和赵一曼被捕地考查，并亲赴赵一曼就义地讲述

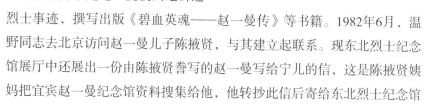

1936年8月2日，赵一曼写给宁儿的信，日文档案

烈士事迹，撰写出版《碧血英魂——赵一曼传》等书籍。1982年6月，温野同志去北京访问赵一曼儿子陈掖贤，与其建立起联系。现东北烈士纪念馆展厅中还展出一份由陈掖贤誊写的赵一曼写给宁儿的信，这是陈掖贤姨妈把宜宾赵一曼纪念馆资料搜集给他，他转抄此信后寄给东北烈士纪念馆的。

# 七星砬子兵工厂的机床

七星砬子群山位于桦川县东南部，山中有哈达密河蜿蜒流过。方圆百余里的原始森林枝繁叶茂，幽深隐蔽，是易守难攻之地。1936年夏，在抗联独立师师长祁致中提议下，部队决定在这里建立兵工厂。

抗联独立师七星砬子兵工厂使用的机床

独立师的60名战士在老道沟修建了造枪车间和弹药车间，在小白砬子建起了修械所。正当兵工厂筹建工作进行得热火朝天时，独立师通过地下党关系在沈阳找到7名失业的技术工人，他们在共产党员胡志刚带领下，路经哈尔滨、佳木斯，风尘仆仆来到山里。技术工人的到来，为建厂工作增添了信心和活力。不久独立师又陆续请来了十几位工人师傅。车间建成后，在必须添置的设备中，最重要的是要搞一台机床，部队委托佳木斯地下党帮助物色。经多方查寻，在城里一家铁工厂发现了一台规格、型号、性能都适合的机床。由于日伪当局对于这类生产机械产品的机床控制很严，购买这台机床除现金交易外，还需要3家铺作保。资金由地方抗日救国会筹集，但3家铺作保的事一时还没有着落。地下党不愿为购买机床一事给与我们有联系的业户带来麻烦。经周密思考找了一位可靠的刻字工人秘密地刻了3枚商店的图章，并自制了3份保单，才买了这台机床。当年的佳木斯处于日伪军警的严密控制之下，老百姓进出城门都要被搜身检查，对过往货物的检查更是严格。怎样才能把这台500多公斤重的机床运出城呢？地下党的同志经调查发现，这里的日伪军对进出城的柴草车不太注意，检查时只用铁条探查柴草车的中下部位，未发现异常便挥手放行。于是，他们把机床拉到交通站，装上满满一大车谷草，把机器拆开装在草车的中上部，通过城门时，两个伪警察挡住大车，用铁条在草车的下半部探了一阵子，没有发现什么可疑点，就摆手放行了。出城后，同志们又把机器装在马爬犁上，顶风冒雪运进山里。

为了解决机床运转，工人们绞尽了脑汁，他们自己修筑堤坝，以水为动力带动发电机发电。水源不足时，利用缴获敌人的汽车发动机，烧煤油发电。最艰难时，就把大铁轮安装在木架上，挂上皮带，几个小伙子轮换着摇动，保证机头旋转。工厂的生产条件虽然艰苦，但工人们热情很高。建厂初期，主要任务是修理枪械。工人知道这些急需维修、型号不同的杂牌枪都是前线战士用生命和鲜血从敌人手里夺来的。每修好一支枪就为前线增添了一份杀敌的战斗力量。大家克服设备简陋，工具、材料不齐全等各种困难加紧生产。以胡志刚为首的这批技术工人，原在沈阳东北军创办的兵工厂时都是技术骨干，对生产枪械各道工序都很精通。他们对工厂仅停留在对枪支的维修阶段，感到很不够劲。在胡志刚的倡导下，工人们认真研究生产枪支的各种问题。生产枪支还需要特种钢材，工人们提出可以用"钢轨梗"，也就是钢轨的上半部代替，这种钢伸缩性小，耐磨。师部立即派人四处搜寻，发现在长发屯火车站堆放着一些钢轨。孟连长带领几十名骑兵，趁黑夜赶到长发屯。火车站上静悄悄，没有发现敌人，孟连长布置一个班警戒，其余的人都搬运钢轨。大概是抢运钢轨的声音惊动了敌人，双方展开了一个多小时的激战，终于把钢轨全部运到安全地带。

工人师傅们在爱国热情鼓舞下，终于研究试制一批带机头的"匣撸子"。这种枪外形和撸子枪一样，但却有着和匣子枪一样的机头。枪上的漆是豆油烤制的，又黑又亮，漂亮极了。第一批生产了100多支。师部为庆祝兵工厂第一批产品试制成功，召开表彰奖励大会。师长祁致中亲自试枪，连射数发，枪枪正中靶心，会场上一片欢腾。不久，兵工厂又研制成功一批手提式自动冲锋枪。

1937年秋天，中共满洲省委派李兆麟到兵工厂慰问大家，并鼓励工人们在最短的时间内，制造出更好的武器。

1938年春天，敌人对七星砬子一带实行严密封锁，兵工厂的后勤供应十分困难，工人们缺衣断粮，生活十分艰苦。工人们自己开荒种地，打野猪、挖野菜、采野果充饥，用兽皮做衣服御寒。

1939年1月，敌人得知抗联大部队已离开下江地区，觉察到七星砬子山里有些异常，便派特务进行秘密侦察，终于得到一些线索，于是纠集了千余名日伪军对兵工厂进行偷袭和包围。护厂战士和工人们与敌人展开英勇搏斗，胡志刚和工人们迅速掩埋机器后也投入战斗，同志们的子弹打光了，就用石头砸。最后，残暴的敌人竟向山里施放了大量毒气，整个山头都弥漫着滚滚浓烟，几十名工人和战士全部英勇牺牲。

昔日沸腾的车间被战火化为灰烬。只有怒吼的松涛和呜咽的流水永不停息地讲述着这悲壮的故事。1955年初冬，黑龙江省博物馆和东北烈士纪念馆文物征集人员，由曾在七星砬子山里活动过的原抗联第三军的张凤岐和熟悉七星砬子兵工厂遗址的石金生老人做向导，在遗址附近挖掘出土了这台珍贵的机床和一些机器零件。这台机床被国家文物局鉴定为一级文物，至今在东北烈士纪念馆馆内展出。

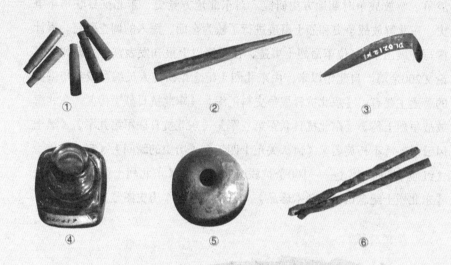

①七星砬子兵工厂的大枪子弹壳　⑤七星砬子兵工厂的机油盒
②七星砬子兵工厂的铁冲子　　　⑥七星砬子兵工厂的钻头
③七星砬子兵工厂的铁钉子　　　⑦七星砬子兵工厂弹药车间遗址
④七星砬子兵工厂的钢笔水瓶　　⑧七星砬子兵工厂造枪车间遗址

　　东北烈士纪念馆有相对完善的学术研究机构，研究人员一直从事抗日战争、解放战争时期地方史研究。对东北地方党史、东北抗日联军斗争史、东北解放战争史和烈士事迹进行了较为全面、深入的调查研究。累计撰写并展出了265位革命烈士事迹，在省级以上报刊发表宣传文章和学术论文200余篇。自建馆以来，由东北烈士纪念馆研究人员编写或参与编撰的著述主要有：《东北抗日战争史料汇编》《东北抗日烈士传》《东北解放战争烈士传》《东北抗日联军第三军》《东北抗日联军第九军》《黑土风云录》《不朽英名》《血沃关东十四年》《历史的瞬间》《赵一曼传》《红旗　热血　黑土——100个抗联人物故事》《东北烈士纪念馆故事》《东北烈士纪念馆馆藏艺术珍品》《东北抗日联军历史图鉴》等。

1958年，由东北烈士纪念馆研究人员编辑的《东北抗日战争史料汇编》

东北烈士纪念馆研究人员出版的图书

东北烈士纪念馆研究人员出版的图书

2015年9月3日，中国邮政发行抗战胜利70周年纪念邮票，东北烈士纪念馆入选

东北烈士纪念馆明信片

东北烈士纪念馆

自1992年至今，由东北烈士纪念馆发起并组织科研团队对中苏边境要塞遗址进行考察研究，重点考察侵华日军虎头要塞遗址群，并取得一系列研究成果。研究人员分批次对虎头、海拉尔、珲春、绥芬河等地11处日军军事遗址进行大面积考察和研究，举行"国际论证会"，研究成果在国内处于领先水平。

近年来，馆内研究人员还参加黑龙江省社会科学重点科研项目《黑龙江四十年》一书的编写工作，为中央有关部门编纂出版全国烈士传、中共党史人物传、解放军烈士传和黑龙江省志人物志等各学科工具书撰写稿件，完成了东北三省社科院合作科研课题《东北沦陷十四年史》的编辑工作，重新修订再版了《东北抗日联军第九军》《东北抗日联军第三军》等学术专著。为纪念中国人民抗日战争暨世界反法西斯战争胜利七十周年和庆祝中国共产党成立95周年，分别编写出版了《东北抗日联军历史图鉴》和《东北烈士纪念馆馆藏艺术珍品》两部新书。

在东北抗日联军历史和英烈人物研究方面，东北烈士纪念馆起步早、坚持时间长，成果丰硕，贡献突出。自1950年代开始的八女投江事迹调查、七星砬子抗联遗址考察、赵一曼遗言考证、赵尚志将军殉国地认定等研究工作，尤其是由东北烈士纪念馆研究人员参与编写的抗日战争时期东北烈士传记、抗联将领丛书、东北抗日联军史料丛书、东北抗日联军军史丛书和独立著述的两部《赵一曼传》，对东北抗日联军历史的研究和宣传起到了拓荒奠基的重要作用，影响深远。现今，东北烈士纪念馆已经成为国内外相关学术研究活动的重要基地和主要组织者、参与者，国内规模最大的东北抗联历史展示平台、东北抗联精神宣传窗口、东北抗联文化教育阵地和东北抗联文物资源宝库及史料研究中心。

1997年，东北烈士纪念馆研究人员，与日本学者联合考察侵华日军虎头要塞遗址

2002年，"侵华日军中苏边境绥芬河要塞群踏察国际论证会"由东北烈士纪念馆组织召开

"首届'哈尔滨之冬'全国部分博物馆（纪念馆）馆长论坛"在东北烈士纪念馆召开

东北烈士纪念馆

2013年9月14日，"缅怀东北抗联与南京保卫战先烈——哈尔滨·南京两地专家学者学术座谈会"在东北烈士纪念馆召开

2015年2月13日，"纪念杨靖宇将军诞辰110周年座谈会"在东北烈士纪念馆召开

2015年10月23日，"纪念抗日民族女英雄赵一曼诞辰110周年座谈会"在东北烈士纪念馆召开

　　2015年8月1日，由东北烈士纪念馆承办的"抗战十四年与东北抗日联军——纪念世界反法西斯战争胜利70周年"专题研讨会在哈尔滨召开。来自中国人民抗日战争纪念馆、重庆红岩联线文化发展管理中心、侵华日军南京大屠杀遇难同胞纪念馆、伪满皇宫博物院、九一八历史博物馆等近40个单位的60余位馆长、专家学者参会

　　2016年8月2日，黑龙江省文化厅、黑龙江省妇女联合会联合主办的"纪念抗日民族女英雄赵一曼烈士殉国80周年座谈会"在东北烈士纪念馆举行

# 八女投江事迹考

名闻中外、感天动地的"八女投江"事迹，不仅在东北人民抗日斗争史上写下了不朽的篇章，也是整个中华民族解放斗争史上的壮丽一页。现今这一事迹可谓家喻户晓，但在20世纪50年代，宣传"八女

八女殉难地——牡丹江流域乌斯浑河畔

投江"事迹的文艺作品都是根据传说编辑而成，至于这一事件发生在何年、何月、何地，八位女烈士的姓名、具体的战斗情况等，都没有确切的资料记载。文艺作品可以不完全是真人真事，允许有艺术想象和加工成分，但烈士馆的陈列却必须是真实的，来不得半点含糊，否则会造成难以纠正的历史差错，给后人留下混乱和讹误，失去记录历史、教育后人的重要意义。

为查清"八女投江"史实，1962年初，东北烈士纪念馆将调查"八女投江"史实列为当年主要科研课题，制定了具体工作计划，组建了"八女投江"事迹专题调查小组，在上级党政部门的支持和知情群众的协助下，沿着当年八女所在部队走过的道路，顺着黑龙江省林口县境内的乌斯浑河，步行六七百里，访问数十位同志，最后终于查清了这一事迹的全部经过和基本史实。在汇集多方面材料、去粗取精、认真研究核对后，以周保中、徐云卿、金尚杰等当事人的回忆为主，辅以其他珍贵的一手材料为佐

证，调查组确定了"八女"的姓名、战斗经过以及八女殉难地。

后由温野同志执笔，以调查小组的名义写出近万字的调查报告《东北抗日联军"八女投江"事迹新探》一文，作为1962年黑龙江省历史学会年会的重点论文，在大会上进行了摘要宣读，并由史学会推荐，公开发表在1963年3月26日《黑龙江日报》"学术研究"版上。这是首次从历史真实的角度写出具体的"八女投江"事迹，具有奠基意义，填补了早期东北抗联历史研究的空白，是东北烈士纪念馆对新中国烈士纪念事业做出的重大贡献之一。此后，关于"八女投江"事迹的历史研究，文学、艺术创作、史志词条、纪念碑文等材料的撰写，都以此为基础和依据。

东北烈士纪念馆

# 杨子荣原名、原籍考

　　杨子荣是东北解放战争中的著名战斗英雄。他参加大小战斗上百次，多次立功受奖，被评为"侦察英雄""战斗模范"。曾一举将匪首"座山雕"及其属下共25个土匪全部活捉，创造了深入匪巢以少胜多的战斗范例。1947年，杨子荣在追剿土匪的战斗中壮烈牺牲，时年仅31岁。他的剿匪事迹十分感人，曾被编成京剧样板戏《智取威虎山》在全国演出，可谓家喻户晓。但由于杨子荣参军时没有报原名杨宗贵，而是用家里人和乡亲们都不了解的"子荣"二字，导致他牺牲后，部队里无人知晓他的家乡地址，只知道他是山东省胶东地区人，说不清是哪个县、村。当时军队里没建立档案，他参军后又一直没有给家里写过信或捎过话，以致完全没有他原名、原籍的任何线索，部队无法将他牺牲的情况通知家属及地方政府，而其家属也因此未能享受烈属待遇。

　　当时，杨子荣生前所在部队要写英雄事迹，无法写他的家乡，杨子荣战斗、牺牲的海林县烈士陵园，要向广大参谒者讲述英雄的事迹，也需要知道他的家乡故里。可是谁也说不出，谁也不知道。于是他们派人去寻访，可是有着4700多平方公里和数以千计城镇乡村的胶东地区，到哪里去寻找啊！第一次调查没有任何收获，派出的人失望地回去了。

　　1967年春天，济南军区、山东省军区，英雄生前所在部队和海林县民政部门组成的联合调查组，再次赴胶东大地调查考证，仍无结果。

　　1969年5月，当年曾经为杨子荣只身入杏树村匪穴说降土匪立特功写过事迹报道的营部干事姜国政，组织相关人员在北京召开"关于杨子荣事迹和籍贯调查的专题会议"。杨子荣的生前战友和有关单位十余人参加，与会者共同回忆杨子荣是什么地方人，仍其说法不一，有的说是荣城，有的说是文登，有的说是牟平，谁也叫不准。于是调查人员又到牟平、荣城、文登、海阳四县调查，并把杨子荣参军的时间、背景和外貌特征等打印成文，发往四县的50多个公社，请当地民政部门协助查找。一直过了两个多月，仍无结果。当时，山东失踪军人很多，调查期间，曾有127人前来认领杨子荣为其儿子或丈夫，但经查证后均被否认。后来调查人员又找到杨子荣的12名战友，其中有人回忆起杨子荣曾说过他的家乡是牟平县的某某河村，经排查证实，可能就是峱岬河。

1973年，《林海雪原》的作者曲波同志，找到1947年2月杨子荣活捉"座山雕"后部队召开群英会拍摄的英雄集体照片，将胸戴光荣花的杨子荣单独翻印出来。又经放大后，寄给了刚刚建立的海林县杨子荣纪念馆，东北烈士纪念馆也及时陈列了杨子荣这张遗像。

1980年，东北烈士纪念馆温野同志受邀帮助海林县进行杨子荣烈士事迹展览工作时，进一步了解到寻找杨子荣原籍的相关情况，并着手深入调查杨子荣烈士事迹。1983年5月末，温野同志将杨子荣的照片放大，连同东北烈士纪念馆的公函，一同寄给牟平县民政局，请他们派人去峱岬河村召开座谈会，出示所寄照片，先不说明是谁，让大家认定照片上的人是谁，这样能取得真实结果，提高准确度。

牟平县民政局接信后非常重视，葛培重局长立即前往峱岬河村办理此事。他带了4张不同人的照片，请峱岬河村的老干部、老党员辨认。老人们看后毫不犹豫地指出那张照片上的杨子荣就是他们村参军失踪的杨宗贵。他们又找来了杨宗贵的哥哥杨宗福，这位老人更是流着泪喊出了："他就是俺宗贵兄弟……"

葛培重局长请几位老村干部和杨宗福写了证明材料。同年10月，东北烈士纪念馆温野同志专程去牟平县民政局了解认证情况。葛培重局长拿出了证言材料，并与温野同志一同去峱岬河村，再次召开老人座谈会，与烈士的兄长杨宗福会面。直到确认无疑，温野同志才返回哈尔滨，在其撰写的《杨子荣烈士传》中，首次写上了英雄的原名、原籍。1986年11月，《杨子荣烈士传》由黑龙江人民出版社出版，书中首次公开认定了战斗英雄杨子荣烈士的原名、原籍，解决了此前悬疑近四十年的历史难题，为烈士事迹的进一步宣传、普及做出了重大贡献。

东北烈士纪念馆

# 赵尚志将军牺牲地认定

关于赵尚志将军牺牲地的寻找认定，曾经颇费周折。

早在1960年，有关党史研究部门就通过调查知道赵尚志是牺牲在梧桐河金矿局。如黑龙江省党史研究所研究人员傅文远、赵明福、刘文新，于1962年9月21日访问梧桐河劳改农场第一分场跃进队的劳改人员丁春生，他讲述说："我1938年在梧桐河金矿局矿警队当班长，1941年矿警队解散后给金矿局赶爬犁。所以赵尚志牺牲的事情我最清楚，记的也最清楚。赵尚志被打伤后，金矿局警察分驻所叫我们套爬犁去拉。第一个爬犁是夏德春赶去的，随后我又赶去一个。当我走了约半里多路就碰上了夏德春赶着爬犁回来了。爬犁上拉着赵尚志、王永孝、刘德山三个人。当时我还不相信会是赵尚志，上前一看才知道是他。接着把三个人拉到金矿局一个姓赵的工棚子那，把赵尚志和王永孝放在屋里，把刘德山的尸体放在门外了。""……1942年2月一天的半夜两点多钟先用马爬犁把三具尸体送到聚水桥，又从聚水桥用汽车送到鹤岗……"由此可以证明赵尚志是在梧桐河金矿局伪警察分驻所驻地牺牲的。但金矿局的具体地点在什么地方却不知道，也没有人去找过。

东北抗日联军老战士李敏同志对赵尚志将军非常敬重，从1980年代初，就先后到鹤岗、萝北、宝泉岭等地了解赵尚志牺牲地的线索。后来林业部门反映，鹤岗营林局工人王有丰了解情况。王有丰的父亲王喜奎当年就是梧桐河金矿局的采金工人，家也住在金矿局的工棚子里，王有丰就出生在那里。他父母都知道赵尚志牺牲的情况，也认识当过矿警队的特务刘德山，他的姐姐当时和一些小孩子都在工棚子里看过受重伤的赵尚志。王有丰从小就听到这些情况，印象很深，他又是林业工人，熟悉西梧桐河山里地势。李敏同志到鹤岗林业局找到王有丰，交给他寻找赵尚志牺牲地的任务。在党组织的支持帮助下，他用了一年多的时间，几次进山踏察，终于找到原梧桐河金矿局和吕家菜园子遗址。

1984年8月16日，东北烈士纪念馆温野同志对王有丰做了专访，并随同抗联老战士李敏、伊春人大常委会副主任高玉林、共青团黑龙江省委书记刘海云、赵尚志将军的亲属和向导王有丰等20余人，前往赵尚志将军的牺牲地进行考察确认。

考察人员一行从宝泉岭农场管理局坐汽车直奔西北，经过尚志村、鹤北林业局驻地（今鹤北镇），一直走了70多公里，到达西梧桐林场场部。由这里换乘事先准备好的两台集材50号链轨拖拉机开进山里，在森林和沼泽地中又向西北艰难地行进了30多公里，才到达了当年的梧桐河金矿局所在地。这里是一大片较平坦的开阔地，面积约两平方公里，地上长满了小树和蒿草。当年的工棚子和伪警察分驻所等房屋已荡然无存，但土房基墙址还看得很清楚。在李敏同志主持下，大家一齐动手，帮助两个瓦工挖出土坑，用沙石水泥打基座，再把几天前已运到这里的一块高1米多、重400多公斤的不规则花岗岩石碑，竖立在赵尚志将军牺牲地，时间是1984年8月16日下午1时30分。石碑正面凿平，右侧竖刻"一九四二年二月十二日"，中间刻着"赵尚志将军遇难之地"9个金色大字。左侧刻落款"国营宝泉岭农场管理局团委敬立，一九八四年八月十五日"。石碑立好后，大家敬献了采集来的鲜花并鞠躬默哀。共青团黑龙江省委书记刘海云同志请温野同志在石碑背面用红色油漆写上了参加立碑的单位和人员姓名。温野同志为活动全程拍摄了照片。考察人员在这里还找到了日伪时期用的煤油铁桶和太阳牌胶鞋等遗物。因此确认这里就是赵尚志将军的牺牲地，而其他地方为赵尚志将军立碑只能刻写"纪念"字样，不能写"牺牲地"。

# 三位烈士遗首的发现和恭放

　　东北烈士纪念馆建馆初期曾庄严恭放过抗日民族英雄、东北抗日联军将领杨靖宇、陈翰章、汪雅臣三位烈士的遗首。这三位烈士遗首的发现、保护和恭放，是东北烈士纪念事业中影响深远的重大事件，东北烈士纪念馆对其来龙去脉，进行了认真的考证。

　　1940年2月23日下午，东北抗日联军第一路军总司令兼政委杨靖宇将军，在吉林省濛江县（今靖宇县）城西南保安村附近的三道崴子山上，遭到百余名日伪军警的包围，在只身与敌战斗中，壮烈殉国，时年35岁。杨靖宇牺牲后，敌人为宣扬其胜利，将其头颅装入一个前面安有玻璃的小木箱内，用汽车送到伪通化省的各大城市示众三天，之后又送到伪满洲国首都新京，请功受赏。

　　1940年12月8日，东北抗日联军第一路军第三方面军指挥陈翰章率军在镜泊湖南湖头小弯弯沟里活动，被数百名日伪军包围。激战两个多小时后，陈翰章壮烈牺牲，时年27岁。残暴的敌人锯下他的头颅，也送到伪满首都新京请功受赏。之后，敌人又将杨靖宇和陈翰章的遗首装入两个盛满福尔马林药水的圆柱形大玻璃缸内，存放在日本关东军司令部医务课（科）的药品库里。

　　日本投降后，原日本关东军司令部医务课的全部医疗器械、药品、标本都被长春医学院接收，两位烈士的遗首也被转移至长春医学院。当时，国民党军队占据长春，党组织知道两位将军遗首安放地后，即派遣地下工作小组成员刘亚光医生设法打入医学院附近的国民党骑兵旅卫生队，进行秘密寻找。因骑兵旅驻扎在医学院院内，刘亚光医生就通过夜间巡诊的机会，在长春医学院解剖教室内找到两位烈士的遗首。后又以卫生队需要医疗器械为名，费尽周折，设计将两位烈士的遗首运出并秘密保护起来。

1948年12月中旬，松江军区前线指挥部政治部派宣传队的张羽同志带领6名战士护送两位烈士遗首赴哈。由于当时长春至哈尔滨的火车不通，所以他们由长春乘坐专车到吉林市，然后步行经过五常到达哈尔滨市，于12月20日将烈士遗首交给松江军区政治部。12月25日，两位烈士的遗首被正式恭迎入东北烈士纪念馆陈列室，接受广大群众瞻仰悼念，进行爱国主义和革命传统教育。

汪雅臣将军是东北抗日联军第十军军长。1941年1月29日，他率军在五常县南蛤蜊河子东山麓活动，遭日伪军包围，在掩护战士们突围时身负重伤倒地被俘，后在敌人抬他去贾家沟途中光荣牺牲，时年30岁。敌人把他的遗体拉到五常县城示众后，残暴地割下他的头颅，装在药水瓶子里，准备送到伪满洲国首都新京去请功领赏，但因未得到上司同意，就将其遗首埋在伪五常县公署大院西南角监狱的墙根下。1949年4月下旬，五常县监狱翻建房屋，在打地基时挖出了汪雅臣的遗首。县政府派员将遗首送到松江省政府，请东北抗日联军老首长冯仲云同志认证，在确认是汪雅臣将军遗首，又经卫生部门换药处理后，恭送至东北烈士纪念馆陈列室敬放。此后，数万群众前来东北烈士纪念馆瞻仰三位烈士的遗首，深受教育。

1954年哈尔滨市政府呈请中央内务部和文化部批准，在哈尔滨烈士陵园里修建陈翰章、汪雅臣二位烈士墓。1955年4月5日上午，哈尔滨党政军领导及各界代表，在东北烈士纪念馆礼堂隆重举行公祭陈翰章、汪雅臣烈士大会。公祭毕,各界代表恭送烈士遗首到哈尔滨烈士陵园进行安葬。

1957年吉林省通化市杨靖宇烈士陵园竣工。同年8月上旬，杨靖宇将军遗骨由靖宇县移至通化市；9月25日，黑龙江省及哈尔滨市党政军民各界代表数百人，在东北烈士纪念馆三楼礼堂举行隆重的杨靖宇将军遗首恭送仪式。1958年2月23日，杨靖宇将军公祭和安葬大会在通化市杨靖宇烈士陵园举行。从此，将军英灵长眠于苍松翠柏掩映的烈士陵园里，世世代代受人敬仰凭吊。

2013年4月11日，适逢陈翰章烈士诞辰一百周年，安葬于哈尔滨烈士陵园的陈翰章遗首被隆重迎回故乡吉林省敦化市，与其遗体合葬。

东北烈士纪念馆

# 东北抗联博物馆

# 规模最大的东北抗联历史
## 展示平台

东北抗联博物馆位于黑龙江省哈尔滨市南岗区一曼街243号，是在1986年7月1日建成开馆的原黑龙江省革命博物馆基础上改扩建而成，采用仿古式欧式建筑风格。东北抗联博物馆建筑面积3674平方米，展厅面积2234平方米，与东北烈士纪念馆和中共黑龙江历史纪念馆合署办公。

2010年8月16日，东北抗联博物馆扩建工程开工仪式

为了纪念东北抗日联军在中国抗日战争和世界反法西斯战争中做出的特殊贡献，1980年4月26日，中共黑龙江省委第四次常委会议决定建立黑龙江省革命博物馆。1986年7月1日，黑龙江省革命博物馆正式成立。2009年2月3日，黑龙江省革命博物馆更名为东北抗联博物馆。

经过几代文博工作者的不懈努力，东北抗联博物馆形成了独具特色的管理模式和浓郁深厚的文化氛围，创造了一个又一个非凡业绩，2009年被评为"国家国防教育示范基地"，2011年被评为"全国红色旅游工作先进集体"。作为在全国有较大影响的红色旅游重点单位，对黑龙江省文化的发展繁荣发挥着重要作用。

为适应中宣部发展红色旅游文化事业的新要求，满足广大观众日益增长的文化需求，更加全面地弘扬东北抗联十四年艰苦卓绝的斗争精神，扩大东北抗联博物馆这块爱国主义教育宣传的主阵地，2010年8月16日，东北抗联博物馆扩建工程正式开工建设，2011年末扩建工程完成。

2015年8月1日，为纪念中国人民抗日战争暨世界反法西斯战争胜利70周年，基本陈列《抗战十四年——东北抗日联军历史陈列》布展完成，对外开放。该陈列全面反映了东北抗联为赢得中国人民抗日战争和世界反法西斯战争的胜利做出的不可磨灭历史贡献，热情讴歌东北抗联将士面对严酷的战争考验和极端恶劣的生存环境，同日本侵略者进行长达十四年艰苦斗争的英雄壮举，大力弘扬对敌斗争中用鲜血铸就的"爱国守土、团结御侮、浴血奋战、视死如归、艰苦卓绝、百折不挠"伟大抗联精神。展览正式对外开放以来，受到社会各界观众的热烈欢迎，专家学者的高度认可。东北抗联博物馆现已成为国内规模最大的东北抗联历史展示平台、东北抗联精神宣传窗口、东北抗联文化教育阵地、东北抗联文物资源宝库和东北抗联史料研究中心。

2015年8月1日，东北抗联博物馆基本陈列开放仪式

# 抗战十四年
## ——东北抗日联军历史陈列

　　《抗战十四年——东北抗日联军历史陈列》是东北抗联博物馆基本陈列，陈列面积1725平方米，展线长355米。展出文物文献397件、历史图片492张。陈列分6个部分，16个单元、24组。本陈列以丰富的文、图、物展示，系统全面的历史知识结构和完美的形式设计，赢得了专家学者和广大观众的一致好评，开馆至今已接待国内外观众25万人次，成为开展东北抗联历史研究和进行爱国主义教育的鲜活教材。2016年5月荣获第十三届（2015年度）全国博物馆十大陈列展览精品推介优胜奖。

2016年5月18日，第十三届（2015年度）全国博物馆十大陈列展览精品推介优胜奖颁奖仪式，前排中为东北烈士纪念馆馆长刘春杰

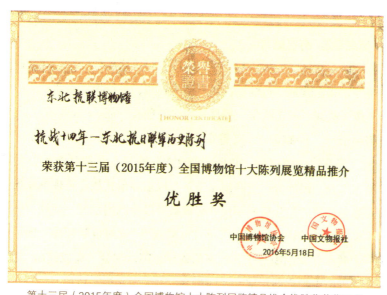

第十三届（2015年度）全国博物馆十大陈列展览精品推介优胜奖获奖证书

陈列设计指导思想和突出特点：

# 1.主题突出，特色鲜明，全面反映抗联苦斗历史

### （1）陈列主题 开宗明义

　　陈列以"抗战十四年"为主题，直接点题，给观众留下明晰而深刻印象。1931年日本军国主义发动九一八事变，在世界东方最早点燃法西斯侵略战火。东北抗联作为东北抗战的中流砥柱，坚持抗战开始最早，历时最长久，环境最艰苦，斗争最惨烈。陈列综合展示东北抗联十四年抗战历程，凸显东北抗联抗日斗争长期性、艰苦性和国际性特点，全面反映东北抗联为中国抗日战争和世界反法西斯战争所做出的历史贡献，大力弘扬东北抗联精神，是抗战十四年论点的有力论证。

## （2）历史专题 有机结合

陈列以东北抗联发展历程为主线，以党对抗联领导、军民联合御敌、浴血苦斗、秘密营地、抗联精神等专题为辅线，系统揭示东北抗战中党的领导、统一战线、游击战争、根据地建设的独有特征。

第一部分"民族危亡 义勇军抗击强虏"展示东北抗联形成历史背景；第二部分"中流砥柱 东北抗联建立"诠释东北抗联产生、发展历程；第三部分"民族脊梁抗联浴血苦斗"以多种形式战斗再现抗联艰苦的斗争；第四部分"坚强后盾军民联合御敌"以专题揭示统一战线、抗联密营等军民联合抗战内容；第五部分"红星指引 党对抗联领导"展示中共中央、中共东北党组织对东北抗联的领导；第六部分"完成使命 建树历史功勋"以历史维度展示抗联后期斗争，凝练东北抗联精神。

## （3）巧妙布局 两馆互补

东北抗联博物馆与东北烈士纪念馆毗邻，《抗战十四年——东北抗日联军历史陈列》与业已完成的东北烈士纪念馆《黑土英魂——东北抗日战争时期烈士事迹陈列》构成了一个完整体系，既有内在的血肉联系，又有人物与事件表现上的区别。《抗战十四年》以表现东北抗联斗争历史为主题；《黑土英魂》以弘扬革命先烈英雄业绩为目的，一个事件馆，一个人物馆，各有侧重，协调统一，相得益彰。运用不同艺术表现手段与形式，共同叙述东北抗联历史，形成两馆之间相互补充的最佳效果。合理回避在同一景区内容重复、形式雷同问题。

## （4）军史题材 独具特色

东北抗联是中国共产党创建和领导的东北各族人民的抗日武装，是中国人民抗日军队重要组成部分。在长达十四年的艰苦卓绝斗争中，抗联指战员面对侵略者政治上诱降，经济上封锁，军事上围剿以及极端恶劣的自然环境，伐木为营，围火而眠，铺冰盖雪，草根充饥，虽断指裂肤仍以坚强毅力打击敌人，歼灭和牵制了数十万日伪军，有力配合了全国抗战。展览紧紧围绕东北抗联这一军史题材，从其产生、发展历程及其性质、地位、作用等方面进行展示。将东北抗联历次战斗以伏击战、袭击战、破袭战、突围战等军事特点进行科学归类展示，应用历史档案中发掘的真实作战图表，配以多媒体场景复原，完整再现经典战例，给观众以心灵震撼。

### （5）挖掘馆藏　以物证史

　　东北抗联博物馆倚重东北烈士纪念馆在全国抗联文物收藏研究中的独有优势，从馆藏万余件文物中精选出328件重点文物进行展示，其中一级文物9件、二级文物6件、三级文物172件，文献资料69件。既有抗联七军指战员使用的轻机枪、《东北抗联歌曲集》、抗联教导旅使用的电台等重要文物，还有抗联战士使用过的轻重枪械、通信工具；抗联兵工厂、被服厂、后方医院等抗联密营实物；中共中央对东北抗联指示性文件、文献；抗联政治学习等文化生活方面实物；抗日群众支援抗联部队物品；苏联红军出兵东北武器装备；以及侵华日军第七三一部队陶瓷细菌弹弹壳等多类别珍贵文物。这些厚重的历史文物、资料相互交错，互相印证，以物证史，使陈列具有强大说服力。

## 2.形式独特，打造亮点，形象再现抗联悲壮历程

### （1）营造空间　个性展陈

　　陈展空间与博物馆建筑有机结合，充分利用原有建筑举架高的空间优势，重新规划，使原有空间一分为二，有效增加了陈列面积和展线长度。尾厅宽敞明亮，寓意抗战胜利，给观众以震撼效果；大型西征步入式场景采用蜿蜒曲折的情境再现方式，结合夹层矮、窄特点，营造抗联西征恶劣自然环境。使观众时而漫步宽阔展厅，研读文物文献，浏览抗联悲壮历史，时而穿行白山黑水，环顾烽火连天，体味抗联斗争艰辛。

**（2）动静结合 诠释主题**

陈列一改传统以图文版面、文物为主的静态展出方式，采用动静结合立体化方式诠释主题。展线上播放《九一八事变》《苏联红军出兵东北》等珍贵馆藏历史文献资料片，还有对抗联老战士采访和《哈尔滨保卫战》等专题视频，以及《露营之歌》等反映抗联艰苦征程的音频资料。使文字、展品、声像资料浑然一体，营造逼真历史氛围。多个大小型战斗场景，让观众在参观展览同时，察物、听音、观状，切身感受当时历史环境，见人、见物、见事、见精神。

**（3）辅助手段 合理运用**

陈列合理运用雕塑、绘画、场景、电子图表、多媒体、全息投影等辅助手段，烘托东北抗日斗争的艰苦性、长期性和国际性的特点。

赵尚志、李兆麟、赵一曼和周保中、冯仲云等铜雕与东北烈士纪念馆陈列中杨靖宇、陈翰章、八女投江等铜雕相互补充，既节约资源，同时也彰显幸存下来的民族英雄光辉形象。国画《进攻依兰县城战斗》、油画《"独立步兵旅中共东北党组织特别支部局"成立大会》、黑白版画《东北人民革命军第一军独立师》、套色版画《摩天岭战斗》等18幅绘画艺术品丰富了版面，增强了展览艺术感染力，使观众印象深刻。场景复原五道岗伏击战、克山战斗、艰难的西征，微缩景观老钱柜战斗逼真地还原抗联战斗场面。大信息量的电子图表、多媒体技术应用、全息投影拉近陈列与观众距离。尾厅汉白玉高浮雕凝固抗联精神，厚重大气。

# 3.创意互动，宣教延伸，大力弘扬抗联民族精神

**（1）互动体验 寓教于乐**

陈列在西征场景处应用全息成像技术，还原西征途中大年三十讨论抗联战士入党真实情景，进一步强化党对抗联坚强领导主题；在五道岗伏击战处精心打造射击体验区，观众通过模拟用电子枪袭击投影中日本侵略

军，与抗联战士共同消灭敌人，身临其境，融入陈列之中。观众还可以用自己手机扫描标有二维码展板，平面化展品瞬间转化为动态资料，全面翔实了解图片背后故事，并将历史带回去与家人共同分享。

### （2）媒体网络　广泛宣传

陈列面向社会开放之际，中央电视台、中国文物报等21家大众媒体和中央政府门户网站、国家文物局网站、新华网等25家网络媒体，均对展览进行综合报道。为进一步扩大陈列社会影响，东北抗联博物馆于10月推出虚拟陈列，观众可借助网络窗口，充分了解东北抗联十四年斗争史和重点展品信息，对实体展览进行有益补充。

### （3）依托馆藏　拓展服务

陈列依托馆藏资源，开发图书、邮折、明信片等25种文化产品。

东北抗联博物馆定期派出流动展览小分队和宣讲报告团开展社会教育活动，丰富陈列服务功能。召开"抗战十四年与东北抗日联军"专题研讨会，并不断推出抗战题材临时展览。

# 展厅掠影

## 前言

　　东北抗日联军是中国共产党创建和领导的东北各族人民的抗日武装，是中国人民抗日军队的重要组成部分。其很早便承担起世界反法西斯战争东方战场局部抗战的重任，孤悬于敌后，在极其艰难困苦条件下，与日本侵略者英勇奋战十四年，歼灭和牵制了大批日伪军，有力地配合了全国抗战，极大地鼓舞了全国人民的抗日斗志，为中国抗日战争和世界反法西斯战争的胜利，做出了重要历史贡献。

　　东北抗日联军的英雄业绩，将永载中国人民民族解放斗争的光荣史册！

主题雕塑：《悲壮与辉煌》

　　雕塑意在展现东北抗日联军将士们在中国共产党领导下，面对日本侵略者军事上的"讨伐"，经济上的封锁，政治上的诱降，忍受着难以想象的严寒和饥饿，挑战人类生存极限，在生与死的考验面前，他们拿起刀枪，拼尽热血保卫深爱着的白山黑水，用生命挺直民族的脊梁，经过十四年长期苦斗，赶走侵略者，迎来中华民族的独立，这一惊天地、泣鬼神悲壮而辉煌的历史画面。

序　厅

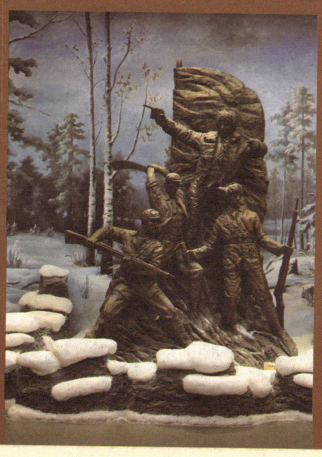

# 第一部分  民族危亡
## 义勇军抗击强虏

1931年9月18日，日本帝国主义悍然发动武装侵略中国东北的战争。由于国民党政府采取"不抵抗"政策，日本侵略军迅速占领东北，炮制伪满洲国傀儡政权，实行军事法西斯殖民统治。民族危亡时刻，不愿做亡国奴的东北人民，在中国共产党的号召和影响下，拿起刀枪，与侵略者展开殊死抗争，揭开了世界反法西斯战争的序幕。

## 第二部分　中流砥柱
## 　　　　　东北抗联建立

在风起云涌的义勇军抗战同时，中国共产党高举抗日救国旗帜，创建党直接领导的抗日武装。从点燃武装抗日星火的反日游击队，到联合抗日的东北人民革命军，直至成为东北抗日战场中坚力量的东北抗日联军，党领导的抗日武装始终是东北抗日战争的中流砥柱。

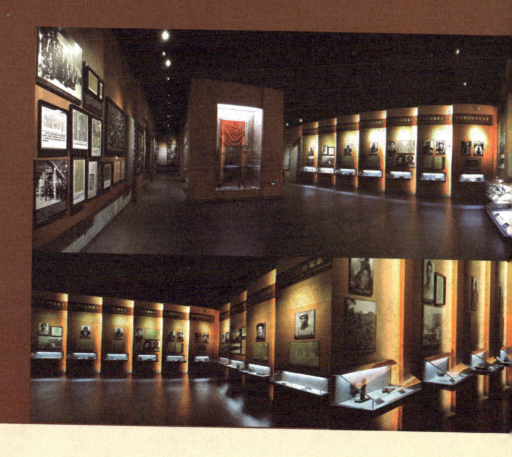

# 第三部分 民族脊梁
## 抗联浴血苦斗

东北抗日联军在十四年艰苦岁月中，面对装备精良、凶恶残暴的侵略者，运用灵活多样的游击战术，绝死苦斗，用鲜血和生命挺起民族的脊梁，创造了歼灭日军18万余人的辉煌战绩，沉重地打击了日本侵略者及其在东北的殖民统治，为中国抗日战争和世界反法西斯战争的胜利做出了重要贡献。

# 第四部分　坚强后盾
## 军民联合御敌

在开展英勇顽强的抗日游击战争中，东北抗日联军贯彻党的反日统一战线方针，以极大的精力建立起抗日游击根据地及秘密营地。它们成为东北抗联坚强的后盾，巩固的后方，战斗的基地，为东北抗日战争的深入、广泛、持久开展，做出了重要贡献。

　　东北抗日联军是中国共产党创建和领导的抗日武装，其一直受到中共中央的高度重视和充分肯定。东北抗联在中共东北党组织的直接领导下，严格遵守党的纪律，执行党的建军宗旨，健全党的组织机构，坚决贯彻和执行中共中央的路线方针政策，与日本侵略者展开不屈不挠的斗争。

# 第六部分　完成使命
## 建树历史功勋

　　1945年8月8日，苏联政府对日宣战。经过在苏联境内整训的东北抗日联军有力配合苏联红军反攻东北，迅速歼灭日本侵略军。中国抗日战争和世界反法西斯战争最终取得胜利。浴血十四年的东北抗联光荣完成使命，其在中国人民抵抗日本帝国主义侵略的民族解放战争中付出巨大牺牲，铸就了伟大的东北抗联精神，建树了永不磨灭的历史功勋。

## 结束语

今天，血色硝烟已然散尽，岁月无情地抹平了战争的痕迹。但留在人们心中的伤痛却无法拭去。

日本右翼势力无视铁的历史事实，无视在战争中牺牲的数以千万计的无辜生命，逆历史潮流而动，一再否认甚至美化侵略历史，妄图否定世界反法西斯战争的胜利成果，公然挑战第二次世界大战后的国际秩序，引起了包括中国人民在内的全世界爱好和平人民的强烈谴责。

铭记历史，缅怀先烈，警示未来。伟大的东北抗日联军精神，将永远激励着我们为维护世界和平，实现中华民族伟大复兴的中国梦而努力奋斗！

游击战争，八路军、新四军、华南游击队、东北抗日联军和其他人民抗日武装力量奋勇作战，……敌后战场钳制和歼灭日军大量兵力，歼灭大部分伪军，逐渐成为中国人民抗日战争的主战场。

——胡锦涛：《在纪念中国人民抗日战争暨世界反法西斯战争胜利六十周年大会上的讲话》，二〇〇五年九月三日。

杨靖宇、赵尚志、左权、彭雪枫、佟麟阁、赵登禹、张自忠、戴安澜等一批抗日将领，八路军"狼牙山五壮士"、新四军"刘老庄连"、东北抗联八位女战士、国民党军"八百壮士"等众多英雄群体，就是中国人民不畏强暴、以身殉国的杰出代表。正所谓"诚既勇兮又以武，终刚强兮不可凌。身既死兮神以灵，魂魄毅兮为鬼雄。"

——习近平：《在纪念中国人民抗日战争暨世界反法西斯战争胜利六十九周年座谈会上的讲话》，二〇一四年九月三日。

中国人民的抗日战争，是在曲折的道路上发展起来的。这个战争，还是在一九三一年九月十八日，日本侵略者占领沈阳，几个月内，就把东三省占领了。国民党政府采取了不抵抗政策。但是东三省的人民，东三省的一部分爱国军队，在中国共产党领导或协助之下，违反国民党政府的意志，组织了东三省的抗日义勇军和抗日联军，从事英勇的游击战争。这个英勇的游击战争，曾经发展到很大的规模，中间经过许多困难挫折，始终没有被敌人消灭

——毛泽东《论联合政府》一九四五年四月十四日

日本侵华战争激起了中国各族人民的愤怒和反抗，从东北义勇军、抗日联军的反日斗争到国民党爱国将士在上海、华北的英勇抗击，从「一二·九」运动到追及全国的救亡运动，都反映着中国各族人民抗日的坚定决心和共同意志。

——江泽民《在首都各界纪念抗日战争……》

# 为国何惜五尺躯

邓铁梅

九一八事变后，无数革命志士在东北纷纷行动起来组织起抗日队伍。其中最大的一支就是邓铁梅领导的"东北民众自卫军"。东北民众自卫军利用山高林密的有利条件，积极活跃在辽东半岛的凤城、岫岩、庄河一带。他们攻城、炸桥、打伏击、劫军车，给敌人以沉重打击。

邓铁梅，辽宁本溪磨石峪村人。自幼读私塾，后上高等学堂。1917年邓铁梅以优异的成绩考入本溪县警察训练所。毕业后开始了他的警界生涯。他在工作中尽职尽责，进步很快。不久被提升，调任凤城警察队长、公安局长。邓铁梅在任公安局长期间经常教育部下，不要勒索百姓，他为人公正清白，因得罪上司被诬陷革职。后任牡丹江警署署长，不久又被革职。

在锦州闲居的邓铁梅目睹了九一八事变，对蒋介石的不抵抗政策，义愤填膺，他毅然奋起抗日。在黄显声的支持下，回到凤城找到自己的旧关系进行抗日串联，不过数日就聚集起两万余名革命志士。1931年10月的一天，在邓铁梅的领导下，于凤城县小汤沟正式成立东北民众自卫军，在誓师大会上邓铁梅被推举为东北民众自卫军司令。

自卫军成立后，队伍不断扩大，邓铁梅非常重视队伍的思想建设、组织建设和经济建设，为部队制定了各项制度，把"不爱钱、不扰民、军民一家、抗战到底"作为指导思想。自卫军成立后10个月的时间里，就同敌人进行了大小战斗百余次，著名的战斗有大战黄花甸、袭击岫城、占领黄土坎、三打大孤山等。这些战斗给敌人以沉重打击，使之闻风丧胆。为了拔掉这颗眼中钉，消灭东北民众自卫军，日军向自卫军控制区进行了第一次疯狂的"大讨伐"，结果以失败而告终。

日伪军第一次围剿失败后，恼羞成怒，集中三倍于我方的兵力对辽东半岛的三角地带进行疯狂的围剿，到处杀人放火，实行"三光"政策，并在此地实行"保甲法""连坐法"，妄图断绝人民群众与自卫军的联系，孤立自卫军。日伪军的各种政策并没有瓦解自卫军，反而鼓舞了广大自卫军的斗争士气。东北民众自卫军在邓铁梅的领导下，打垮了日寇的第三次、第四次围剿。冬季来临，大雪封山，战士无处隐蔽。自卫军决定化整为零同敌人开展游击战，决心与敌人斗争到底。

这时，东北各地的义勇军大部分被日寇瓦解，只有邓铁梅的自卫军仍坚持战斗。敌人用武力消灭不了自卫军，招抚又动摇不了邓铁梅的抗日意志，最后对邓铁梅采取了秘密的逮捕。

敌人利用内奸沈廷辅，将在凤城县小汤沟张家堡子养病的邓铁梅逮捕。邓铁梅被监禁在沈阳市日伪警备司令部军法处。敌人使用一切方法拉拢、收买邓铁梅，经常有一些日伪高级军官来狱中探望、送礼，军法处长王冠英还以高官厚禄来诱降。邓铁梅以绝食拒绝敌人的拉拢。

敌人组成了一个由宪兵队、特务机关参加的会审小组，对邓铁梅进行审讯。面对敌人轮番审讯他慷慨陈词："我是中国人，国家兴亡，匹夫有责，我要反满抗日的。生为中华人，死为中华鬼，头可断，血可流，绝对不能接受投降的命令。"表现了一个革命同志大义凛然、威武不屈的英雄气概。敌人无计可施，便将邓铁梅的妻子张玉珠送进监狱与邓铁梅同居，妄图以夫妻之情来动摇他的意志。这次敌人的阴谋又失败了。

一次，来了一位日本军官，他假惺惺地说了一些佩服、敬仰之类的话，并要求邓铁梅为他的扇子题字，邓铁梅接过扇子略加思索便挥笔疾书："五尺身躯何足惜，四省之地几时收。"

日寇一系列软硬兼施的手段失败后，终于对邓铁梅下了毒手，1934年9月27日将邓铁梅秘密毒死于狱中。

为了挽救民族之危亡，为了收复沦丧的国土，邓铁梅将自己的宝贵生命无私地奉献给了中华民族的解放事业。

东北抗联博物馆

# 贴心政委魏拯民

魏拯民是中共南满省委书记，抗联第一路军副总司令兼政治部主任。原名关有维，山西省屯留县人。1927年加入中国共产党。

九一八事变后，党派魏拯民来到东北从事抗日活动，他曾任中共哈尔滨临时市委书记。1933年冬，为了躲避日伪警特的搜查，魏拯民暂住在哈尔滨铁路工人刘寿山家中。1934年4月，由于满洲省委遭到破坏，敌人在全城实行大搜捕。为了掩护魏拯民，刘寿山夫妇不顾个人安危，拉着他去照相馆照了一张"合家欢"，并将照片放大挂在屋内正墙上，躲过了特务的盘查。后来魏拯民曾用笔名"董介南"，撰文纪念这段珍贵的革命友情。

魏拯民与哈尔滨铁路工人刘寿山的妻子董玉珍和女儿小秋为掩护地下工作拍摄的合影

1934年冬，魏拯民被党派到东满抗日游击区工作，第二年任东满特委书记和东北人民革命军第二军政委。

1936年6月，魏拯民任中共南满省委书记、东北抗日联军第一路军副司令和政治部主任，率领第二、四、六师和独立旅，在长白山地区积极开展游击战争。1937年9月，他率部攻入辉南县城，缴获大批武器弹药和被服给养，为我军获得了大量越冬物资。

魏拯民患有严重的心脏病和胃病。艰苦的战斗生活，使他的病情日益严重。同志们想方设法照顾他，在给养匮乏时把仅有的一碗米、一碗面留给他，但他却多次逼着炊事员把饭送给伤病员。他曾亲自背着一位负伤掉队的战士，到30里外的密营养伤。

在密营里，还亲自为战士们编写政治课本，他经常说："革命不能只靠勇敢和热情，要有政治头脑和远大的理想。"他动员大家剥桦树皮当

魏拯民病逝前住过的密营遗址

被魏拯民和抗联第一路军战士剥下树皮用以充饥的树干

纸，烧炭棍当笔识字学习。在他的推动下，全军政治文化工作非常活跃。

1940年2月，杨靖宇牺牲后，第一路军和东、南满党的工作都落到魏拯民一个人肩上，他抱病出征，带领战士们坚持斗争。

1940年冬，魏拯民的病情愈来愈重。由于敌人严密封锁，密营断粮，魏拯民和大家一起，以草根树皮充饥。如今在吉林省桦甸县夹皮沟一带，还有许多当年留下的被剥光树皮的树干，它们已成为东北抗联艰苦斗争生活的历史见证。1941年3月，魏拯民因重病和饥饿逝世于桦甸县夹皮沟密营。时年32岁。

东北抗联博物馆

# 铁血将军汪雅臣

汪雅臣

汪雅臣是东北抗联第十军军长。早年在东北军中当兵。九一八事变后，汪雅臣带领八九名士兵在五常县小牤牛河拉起"双龙"抗日山林队。1934年在南尖子山召开抗日大会，成立"反满抗日救国义勇军"，并被推举为首领，在九十五顶子山一带，创建了抗日根据地。汪雅臣对共产党的抗日主张深表赞同，1935年春，他率队来到珠河县南部山区，坚决要求共产党对其所率部队进行改编，他本人也加入了中国共产党。

1935年秋，汪雅臣率领部队与赵尚志领导的东北人民革命军第三军汇合。1936年初，在五常县的四合台，汪雅臣领导的部队正式改编为东北人民革命军第八军，汪雅臣任军长。全军有五个团，一个保卫连，共计800余人，部队活动在五常县东南部以九十五顶子山、西野架岭为中心的山区。1936年冬，东北人民革命军第八军改编为东北抗日联军第十军，汪雅臣任军长。他率领部队转战于五常、舒兰、榆树一带，广泛开展游击战，沉重打击了日伪军的嚣张气焰。

1937年，为了解决弹药问题，汪雅臣不顾危险，下山找到伪军邓旅长，劝他不要打中国人，枪口一致对外，邓旅长对他的爱国精神和过人胆识深感钦佩。在与第十军作战中故意朝天放枪，撤退时扔下六七箱子弹，把空箱子带回去"请功"。

由于日本侵略者在抗联活动地区加紧实施经济封锁和军事"讨伐"，1938年东北抗日游击活动进入极端艰苦时期。抗联部队物资极度匮乏，部

汪雅臣赠送给参战农民
张万成的战利品——银挂件

队不断转移，经常断粮，几天吃不上一顿饱饭。汪雅臣同战士们一起吃野菜、啃树皮充饥。他先后九次负伤，由于缺少医药，身上多处化脓溃烂，但仍然坚持指挥部队战斗。

1939年6月，汪雅臣化装成伪军团长，带领300多名穿着伪军服装的战士和百余名日伪军"讨伐队"遭遇，双方互通了番号，汪雅臣假称奉命追剿抗联部队，使敌人失去戒心，趁其插枪休息、毫无防备之机将敌人全部缴械，歼灭日军几十人。

1941年1月29日，日伪军大部队分三路向东北抗联第十军的宿营地九十五顶子山发动袭击，汪雅臣率队顽强奋战，终因寡不敌众，部队损失惨重，汪雅臣腹部受重伤，滚下山坡。敌人围上来，汪雅臣毫无畏惧，痛斥日本侵略者。当敌人将他抬到贾家沟时，汪雅臣因失血过多壮烈牺牲。时年30岁。

# 抗日小英雄何畏

1935年冬天的一个傍晚，方正县大罗勒密渐渐被暮色笼罩。这时一个小男孩在村子里出现了。他抱着一只公鸡，像有急事似地走着，目光不时投向敌军的岗哨。站岗的日本兵看到小男孩，马上就迎过来，贪婪地盯着公鸡，小男孩立刻惊惶起来，往前跑，日本兵不肯放过，便连喊带叫地紧追着。当日本兵跑到路口，刚一拐弯，便被预先埋伏在那里的抗日自卫队活捉了。小男孩同七八名自卫队员迅速来到日军的驻地，日军的一小股"讨伐队"正在一个农户家里忙着烧饭，有的躺在炕上睡觉，步枪架在院子当中。小男孩和自卫队员冲进院子缴了敌人的枪支，大声喊道："不许动！"这伙日军便乖乖地举起了双手。

这小男孩就是何畏。

他原名何永祥。1922年出生在黑龙江省宾县新甸的一个贫苦农民家里。不久，他们一家来到方正县大罗勒密。他8岁，就给地主家放猪。

九一八事变后，日本帝国主义的铁蹄踏进了荒僻的大罗勒密。小永祥目睹了日本鬼子杀害乡亲们的残酷情景。他紧握着放猪的小鞭子，心里暗暗发誓："我要打日本鬼子！"

1935年夏，李延禄率领的东北抗日同盟军第四军来到了大罗勒密。小永祥高兴极了，请求和战士们一起打鬼子。几天之后，在抗日同盟军的帮助下，儿童团很快就成立了。小永祥被推选为儿童团长。他率领儿童团员，练步伐，唱抗日歌曲……坚持站岗、放哨，发现有人进村就即刻盘问，不放过任何可疑的人。

1935年末，李延禄率领部队暂时离开了大罗勒密。日伪军便派"讨伐队"到村子里搜查、抢掠。小永祥靠近日军的驻地，详细侦察敌情后便连夜上山向抗日自卫队汇报情况。自卫队员听了他的汇报之后，商量消灭敌人的对策。小永祥说："我有个主意。"他把自己的想法从头到尾讲了一遍。大家拍手同意。这就是本文开头讲的那段故事。

抗日同盟军第四军指战员合影，左二为军长李延禄，左五为小战士何畏

没过多久，李延禄率领队伍又回到了大罗勒密地区。一天清晨，小永祥又来到军部，再次表示参加部队的决心："我要扛着枪打日本鬼子。"李延禄高兴地说："好！既然你家里父母也同意你参军，那么现在我代表大家欢迎你到我们队伍中来。今天，我就给你起个新名字，叫何畏，意思是无所畏惧地与日军战斗到底！"小永祥听了两眼闪烁着兴奋的光芒，激动地说："我就叫何畏，什么也不怕。"战士们从此亲切地称他小何畏。

1936年3月，何畏担任了东北抗联四军新任军长李延平的警卫员。从这时候起，他就随同部队转战在勃利、宝清、密山、富锦一带。

1938年春，根据中共吉东省委和东北抗联第二路军总部决定，抗联四军和其他部队一起从宝清一带出发，向五常方向西征。这一年，何畏16岁。他迎着凛冽的寒风，长途跋涉，从不叫苦。

1940年何畏与部队刚踏入五常县境内，就被敌军包围。何畏在激烈的战斗中，不幸受伤被俘。他在敌人的监狱中，坚贞不屈，英勇就义。

小英雄何畏，就像他的名字那样，无所畏惧地面对敌人的酷刑，为了中华民族的解放，他无畏地献出了年轻的生命。

# 岔沟突围的枪声

1938年9月，日伪当局纠集了1.5万余兵力，对战斗在南满地区的抗联第一路军展开秋冬季"大讨伐"。敌人采取断粮道，绝资源，逐步压缩，包围、跟踪、追击的办法"讨伐"杨靖宇及其所率直属部队。抗联一路军面临着十分严峻的形势，为保存实力，杨靖宇率总部直属部队撤离辑安老岭游击根据地，分批北上转到濛江、金川、抚松、临江等深山区坚持斗争。

9月13日，第一路军主要领导人杨靖宇等在辑安县营地召开军事会议，总结夏季以来反"讨伐"竞争的经验及教训，划分了作战区域，部署大部队转移。杨靖宇率第一路军总部警卫旅和少年铁血队于10月17日渡过浑江，到达临江县岔沟山区，准备越过四方顶子向河里地区进发。这时，日伪军为合围抗联一路军总部，在临江县岔沟地区这一抗日联军活动的通道上秘密布下了8道封锁线，张网以待，妄图消灭抗联一路军。当日黄昏，抗联队伍进入岔沟山区，遂即陷入敌军包围。于是，在抗联第一路军军史上的一场规模最大、最激烈的战斗——岔沟突围战开始了。

抗联一路军总部警卫旅和少年铁血队400余人渡江进入岔沟后，由于近一个月的连续行军作战，指战员们已是非常疲劳；加上敌情有所缓和，部队决定在这里宿营。但杨靖宇没有休息，而是去察看周围的地形。当他发现这一带地形对我军不利，正准备撤离时，敌人追了上来，部队只好一边还击一边抢占有利地形。18日天一亮，日伪军调集1500余人向抗联部队发起全线攻击。杨靖宇指挥主力部队，坚守阵地，顽强迎击敌人。这时敌人又调来飞机配合作战，对里岔沟地区突施猛攻。但杨靖宇临危不惧，指挥部队击退敌人一次又一次的疯狂进攻。战斗异常激烈，一直持续到天黑，敌人因地形不熟不敢恋战，在岔沟山区东、北、南各沟口燃起露营的火堆，把我军围在中间，敌人以为在这严密重围下，杨靖宇插翅难飞。杨靖宇抓住敌人停止进攻的机会，召集各部指挥员研究突围方案。他首先带领各部指挥员察看四周敌人火堆情况，唯有西北岗上火堆稀落。因为那里是悬崖峭壁，地形险要，敌人估计我军不可能从那突破，因此兵力较少。杨靖宇决定给敌人来个出其不意，把突破口就选在西北岗。

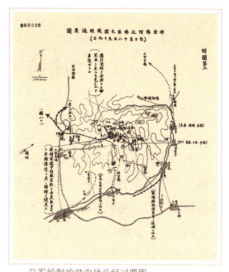

日军绘制的岔沟战斗经过要图

夜色深深，秋风阵阵，战士个个精神振奋，他们按司令部命令正在为突围做战斗准备。午夜时分，杨靖宇下令出发，突击队在化装侦察员的引导下，悄悄摸上山势陡峭的西北山岗，其他部队一队接一队悄无声息地依次行进。时值仲秋，雨水连绵，敌兵已经尾追埋伏了7天，十分疲惫。同时，以为已将抗联部队团团包围，不免军心松懈。这时，抗联侦察员假扮敌传令兵，摸到山岗哨口，诈称送信的，当即就俘敌守卫排长，悄无声息地拿下该哨口，突破了敌人的第一道防线。当突击队行至半路时又遇上敌人巡逻队，善于应变的战士们闪电般亮出枪支猛打，边打边机智地喊："不好啦，红军撵上来啦，快跑吧！"夜色朦朦，敌我难分，敌人听到枪声均以为对方是抗联，便自相残杀起来。许多伪满军稀里糊涂地被裹胁出去，我军在杨靖宇的指挥下紧跟突击队杀出的血路顺利突出重围。待到天亮时，敌人才发现杨靖宇及所率部队早已无影无踪了。敌人惊诧不已：难道杨靖宇是插翅飞走的！

岔沟突围战，是敌人以4倍于我的兵力将我军包围，并在极其不利的条件下展开的。我军利用熟悉地形等有利条件，巧妙地突出重围，充分显示了杨靖宇将军卓越的指挥才能。岔沟突围毙敌80多人，俘敌20余人，粉碎了敌人苦心经营20余天的围攻计划。这一胜利振奋了长白山地区军民的抗日情绪。从此杨靖宇所领导的抗日联军威名远扬。

东北抗联博物馆

# "冰趟子"战斗

　　大自然赋予我们的冰雪，装点着美丽的北国山河。冰雪在东北抗日联军第三军的战斗中曾发挥过出奇制胜的作用。这就是著名抗日将领赵尚志率远征将士们，利用冰雪痛歼日本鬼子的故事。

　　1937年，北满抗联总司令赵尚志率领远征队进入通北、海伦地区。敌人派出大批兵力不断跟踪、阻截，妄图把这支部队消灭在海伦东部山区。为了摆脱这种被动局面，赵尚志决定伺机设伏，打掉追兵。

　　3月初，赵尚志率部队顺着运木材的山道向通北山里开进。尽管已是初春时节，山区仍十分寒冷，齐腰深的积雪丝毫没有融化。他们一路上已打退敌人的两次进攻，毙伤日伪军30余人，还缴获了敌人一些枪支弹药。为免遭敌人的报复，赵尚志派人侦察了一下周围地形，发现两侧山坡上树林茂密，还有四幢伐木工人居住的木营。木营都用原木垒成，非常坚固，适于御敌。赵尚志计上心头，他命令战士们连夜构筑工事，设好埋伏。

　　3月7日傍晚，日伪军700多人陆续地开进了我军伏击圈。赵尚志见时机已到，手起枪响，顿时我军步枪、机枪齐喷火舌，前排的伪军还没反应过来是怎么回事，就被消灭了不少，其余的都连滚带爬地往回逃。接着，又有约200名日军排着队冲过来，他们前后一挤，冰面又太滑，便一个连着一个地摔倒，一下子队形就乱了套。这时，我军架在两侧山坡上的6挺机枪突然开火，打得鬼子蒙头转向，不是这个来个狗吃屎，就是那个脚下一滑，弄个仰八叉，大多数敌人只有趴在冰面上，抱着脑袋的份儿了，哪里还有什么机会还击。

　　这时敌人已全部进入包围圈。他们仗着人多势众，猛烈向我军冲击，战斗愈打愈烈。依靠强大的火力，一股敌人占据了左侧的一座木营，赵尚志急令少年连回阵地。经过英勇搏斗，木营虽几经易手，最终仍被我少年连战士们夺回。

天色越来越晚，气温也越来越低。趴在冰面上的日军仍在继续顽抗，但他们的枪栓已被冻得拉不开，手指已经麻木僵直，根本弯曲不得，更别说扣动扳机了。而我军将士却越战越勇，他们觉得冷了，就轮换着到木营里烤火取暖，身上热乎了，再出去继续战斗。就这样，我抗联将士士气旺盛，而在冰雪中趴了一夜的日伪军，

【齊齊哈爾】匪首趙尚志、匪衆五百餘、因被友軍術報之下、乃侵入稜稜、通北丽縣境内、控制發報之竹田部隊、守田缺、遽於七日晨、出潜北縣城北方約十里之冰糖子地點、與趙匪相遇、激戰且一晝夜、至翌日午前四時、始將匪部余賺擊潰、戰闘結果、率領共匪五百餘、守田大尉壯烈戰死、淤田准尉以下八名負傷云、又號、通北縣警扮拾候官編同政维巡官、（籍島縣出身）七日午後、率戰闘務滋官〇〇名、參加友軍、激戰、途受圍雨、壯烈戰死、其他辟祭官二名負傷、並漢陽若干名云。

1937年3月10日，《盛京时报》关于赵尚志率部在"冰趟子"战斗中击毙日军队长守田大尉的报道

擊潰趙尚志共匪
守田大尉壯烈戰死

他们连冻带饿，早已精疲力竭，枪声更是稀稀落落。赵尚志看出敌人已无力还击，可能会撤出沟口，就命令加强沟口的堵击力量。果然不出所料，我军战士刚刚做好准备，敌人就开始移动了。于是，在沟口处又是一场激战，战斗持续了一个小时，又出奇制胜地杀伤大批敌人，其中还有不少日军指挥官当场丧命。

战斗结束后，赵尚志命令连夜打扫战场，共歼敌200多人，其中指挥官7人，伤100多人，缴获大批武器弹药，还有运动给养的马爬犁、米、肉、服装和军毯等物资。据当地老百姓说，我军撤走后，敌人赶来不少大板车往回拉死尸。在这次战斗中我军仅牺牲7人，获得了全面的胜利。

这就是有名的"冰趟子"战斗，是赵尚志指挥的远征部队进行的一次较大战斗，在敌我力量对比悬殊的情况下，赵尚志充分利用地形、指挥出色，以较小的代价换取了巨大胜利。"冰趟子"战斗成为抗联史上最著名的战例之一，赵尚志将军从此威名远扬。

东北抗联博物馆

# 奇袭老钱柜

1936年春，东北人民革命军第三军、第六军着手建立小兴安岭汤旺河后方根据地。当时由日本人控制的伪森林警察大队驻守在汤旺河沟里的岔巴气、老钱柜等重要隘口，阻碍着汤旺河根据地的建立和巩固。考虑到伪森警队大队长于祯（"于四炮"）等人对日本人的统治不满，且与第六军军长夏云杰有过联系，第六军代理政治部主任张寿篯（李兆麟）等人决定对这支队伍进行智取，以巧妙的办法解除其武装，并争取多数队员参加抗日。

1936年3月17日，张寿篯、戴鸿宾率领六军二团、洼洪青年游击连联合义勇军一部共110余人，从浩良河出发，冒着严寒向汤旺河沟行进，于19日到达伪警察大队的头道哨所岔巴气，先缴了哨兵的枪，然后突入伪森警营房，未经战斗俘虏了中队长丁山、黄毛等40余名伪警察。经教育，黄毛等愿意协助第六军。之后部队换上缴获的伪警察服装，乘马爬犁疾驰，于20日到达老钱柜，利用黄毛作掩护俘虏了巡查哨兵和中队长宋喜斌，通过宋喜斌喊话，迫使伪森警官兵放下武器。日本指导官森山等7名日本人在顽抗时被击毙。

这次战斗，我军采取远距离奔袭的战术，出敌不意，取得了胜利。共缴获轻机枪1挺、长短枪100余支、子弹4400余发、电台1部、粮食1万余公斤以及牛、马近百匹。不久，于祯率残部反正起义，加入东北人民革命军。从此，小兴安岭汤旺河一带完全被抗日部队控制，成为抗联第三军、第六军的后方根据地。

奇袭老钱柜战斗的胜利，使汤旺河沟里完全置于东北抗日联军的控制下，为建立小兴安岭汤旺河谷抗日游击根据地创造了条件。

# 攻打依兰县城

依兰县城是松花江下游一座著名古城，旧称三姓，位于松花江与牡丹江、倭肯河汇合处，三江汇集，遐迩通衢，其地理位置十分重要，历来为兵家必争之地。它北隔松花江与汤原、通河抗日游击区相望，南与方正、勃利等抗日游击区相连。

1937年初，日伪当局在方正、依兰等地加紧推行"归屯并户"和经济封锁政策，企图割断东北抗日联军与人民群众的联系。为了打破敌人的封锁，夺取武器弹药，活动在这一带的东北抗日联军部队决定联合攻打伪三江省重镇——依兰县城。

1937年2月21日，北满抗日联军会议在洼洪河第九军军部行营召开，会议通过了由抗联第九军和第三、四、五、八军各一部，拟于1937年3月中下旬联合攻打依兰县城的决议。依据会议计划，3月14日，周保中分别致信第九军军长李华堂、第八军军长谢文东、救世军军长王荫武，就执行联军会议决定，集结部队，准备战斗等问题，进行紧急磋商。3月19日晨6时，周保中以他与李华堂名义联合下达了作战命令。当日午夜，攻打依兰战斗正式打响。抗联第三、四、五、八、九军各一部共700余人，在第九军军长李华堂、第五军军长周保中的指挥下，发起了攻袭依兰县城的战斗，占领了西南炮台、北大街、伪县银行等地，战斗持续了5个多小时。考虑到敌人顽抗，久战于我军不利，20日晨，攻城部队主队撤离县城。当天上午，又在新卡伦附近伏击了双河镇增援依兰县城的400余名日伪军。经两天激战，共毙敌240余人，缴轻机枪7挺、长短枪150余支。

攻打依兰县城的战斗，是东北抗日联军史上联合各军部队最多的一次联合战斗，打破了敌人春季"讨伐"的部署，显示出东北抗日联军部队联合作战的能力，在政治上产生了很大影响。

东北抗联博物馆

# 十二烈士山

1938年3月，抗联五军的16名战士在完达山脉一座无名的小孤山上，奋勇阻击前来进行"讨伐"的日伪军，在敌众我寡的情况下，与敌人顽强激战一昼夜，这是一场惊天动地的战斗。战士们舍生忘死，浴血奋战，击毙敌人70多个、战马90多匹。12名抗联战士血洒小孤山，用自己的鲜血和生命谱写了一曲抗击日本帝国主义侵略者的英雄颂歌。

小孤山位于黑龙江省宝清县西25公里，头道兰棒山麓大尖山子北侧。密林深处有抗联五军的密营，这里隐蔽着抗联的被服厂、医院和秘书处等重要机关。为了保卫密营的安全，抗联在大尖山子北侧一个炭窑处设立了头道卡子房。这里地势险要，是进山的必经之路。抗联五军三师八团一连连长李海峰奉命带领15名战士守卫在这里。他们深知责任重大，时刻警惕地守护着密营的门户。

1938年，日伪军集中大批兵力疯狂"讨伐"三江地区的抗联队伍，妄图彻底消灭这一地区的抗日武装力量。抗联在各地的密营也不断地遭到袭击和破坏，东北抗日游击战争进入了艰难困苦的时期，斗争形势日益严峻。3月中旬，日军和伪蒙古兴安军骑兵共300多人偷偷摸向五军后方密营，欲将这支抗日武装围而歼之。

18日清晨，远处隐约传来战马的嘶鸣和杂乱的马蹄声。李连长马上认识到局势的严重，为阻止敌人的进攻，必须抢占制高点才能扼制住敌人。于是，他沉着、冷静地指挥15名战士迅速奔上小孤山，占据有利地形。凭借陡峻的山势，利用岩石、树木做掩体、架起了机枪，一场惨烈的阻击战就要打响了。

伪兴安军与100余名日本守备队的骑兵一起杀气腾腾地向五军的密营奔来，气焰嚣张，妄图以其实力一举拿下小孤山。他们在山下狂奔着，号叫着。当他们透过迷雾发现一连战士抢占了小孤山，竟在千米之外纵马鸣枪，似一群饿狼一样扑向了小孤山。

面对数十倍于我的凶恶敌人，李连长和指导员班路遗向坚守小孤山的战士们做了简短的动员："同志们，山后是我们的密营，决不能让敌人从我们前面向密营踏进一步。为了保卫密营，考验我们的时候到了！"战士们瞪圆了双眼，子弹推上了枪膛，上好刺刀，战壕前摆满了打开保险盖的手榴弹。因为战士们也都明白，此时绝无退路，为了密营的安全，只有同敌人决一死战。他们眼盯着山下蠕动的敌人，静静地等着连长的命令。这时，号称"神枪之王"的李连长亲自守护在机枪旁边。他神态自

悼十二烈士

周保中

垂飞尽图起堆地鬼命田放魂
雾花末重射肉天神革髻解忠
云雪沈陷扫血鹜来早全吊
山顶连烈士横狗战寒躯场
河回国纵伪爱气捐土族
择石赋二偕奴日壮惜顾失民沙场
兰贾寇十神传音胰下但他指
年点

一九三八年三月

1938年3月，周保中将军为十二烈士题诗

若，告诉大家把敌人放得近一点。待敌人爬到手榴弹射程时，只听李连长大吼一声："开火！"顿时小孤山阵地沸腾起来，机枪、步枪、手榴弹的爆炸声震撼了山谷。敌人被这突如其来的猛烈火力打得人仰马翻，鬼哭狼嚎，连滚带爬地退了下去，山坡上丢下了一片尸体。经过片刻的宁静，硝烟还没散尽，敌人又连续3次向小孤山发动了攻击。但英勇的抗联战士在李连长的带领下，用强大的火力把敌人一次次地压了下去。午后，气急败坏的敌人又重新组织力量，并调来大炮对小孤山进行轰击。顿时，小孤山的上空炮火连天，硝烟蔽日，碎石和积雪飞扬，树木被引燃，大地在震颤。日伪军在炮火的掩护下又一次发起了疯狂的攻击。在敌人猛烈炮火的轰击下，指导员班路遗和排长朱雨亭等几名战士先后倒在了血泊中。面对牺牲的战友，看着冲上来的敌人，李连长眼睛都打红了。他一面指挥战斗，一面端着机枪跑前跑后，专找敌人多的地方打。他射击准确，枪法高超，不愧为"神枪之王"，冲上来的敌人一

堆堆地倒在了他的机枪下。正当李连长端着机枪拼命扫射时，一颗炮弹呼啸着落在他的身边爆炸了。两名战士奔过去大声呼喊："连长！连长！"李海峰抖落身上的尘土，挣扎着想站起来，可是两条腿怎么也不听使唤，他惊愕地发现自己的两条腿都被炸断了。两条裤管流满了鲜血，一阵剧痛使他差点昏过去。这时，他抬头一看，山下的敌人正一步步爬了上来，他再也顾不上疼痛，对两名战士发疯似的吼叫："快把我抬起来！"这样，两名战士抬着他，他把机枪往怀里一抱，把一切仇恨和愤怒化为子弹射向了敌人，疯狂的敌人再一次被压了下去。

激战进行了一天，敌人的几次冲锋都没有越过小孤山一步。傍晚时分，穷凶极恶的敌人又一次集中了全部火力对小孤山进行更为猛烈的攻击。阵地上的抗联战士一个个倒下了，敌我双方的距离越来越近，最后双方只隔着一道石头砬子在僵持着。残酷的战斗一直持续到夜晚，最后只有4名战士还守护在李连长身旁坚持着战斗。这时子弹已全部打光了，李连长把4名战士叫到自己的跟前，眼含热泪说："同志们，我们已经完成了战斗任务。我身负重伤，行动不便，由我掩护你们趁夜黑赶快撤下山去，报告首长，尽快转移密营。"战士们不忍心留下连长一个人，苦苦哀求一块撤走。李连长说："不要争了，来不及了，快走！"就一把推开了战士。连长握着仅剩下的最后一颗手榴弹，静静地躺在阵地的一角。这时，阵地上死一般的寂静，敌人一时摸不清我方的情况，待他们战战兢兢地爬上来时，李连长忽然猛地坐了起来，用尽全身力气拉响了手榴弹，山崩地裂般一声巨响，一股硝烟冲天，又有几个敌人上了西天。我们的"神枪之王"李海峰连长也随着这声巨响演奏了英雄最后的绝唱。

为了抗击日本帝国主义的侵略，为了祖国，为了人民，12名烈士英勇奋战，不怕牺牲，血洒小孤山。为永远纪念12名烈士的英名，抗联五军三师党委决定将小孤山命名为"十二烈士山"，它像一座丰碑永远耸立在群山之巅。

# 八女投江

　　东北解放初期，牡丹江流域流传着这样一个故事：东北抗联的八名女战士，为了不做敌人的俘虏，毅然手挽手投入滚滚的乌斯浑河中，壮烈殉国。后来，剧作家颜一烟同志根据这个传说，创作了电影剧本《中华女儿》，该片曾在1950年的第五届国际电影节上荣获自由斗争奖。从此，"八女投江"的故事便在全国广为流传。

　　那是1938年，抗联第五军第一师的战士们，在西征途中遭到日伪军重兵围追堵截，损失惨重，只有100多人了，与他们一起西征的妇女团，也只剩下8人。他们决定返回刁翎（今林口县）地区，寻找军部，进行休整。10月的一天，他们来到刁翎境内，决定在三家子屯附近乌斯浑河西岸柞木岗山下的河滩上露宿，准备第二天从这里涉水过河。

　　这天夜里，没有月光，风大，又冷，战士们燃起十几堆篝火，聆听着急风过后，山上的柞树叶子"哗——哗——"的响声。她们中指导员冷云的年龄最长，23岁，已是一个孩子的母亲，她怜爱地将13岁的小战士王惠民搂在怀里，伸手又添一根木料；原四军被服厂厂长安顺福正借着火光缝补衣服，与同是朝鲜族的女战士李凤善低声说着什么；班长杨贵珍、胡秀芝与战士郭桂琴和黄桂清正背靠背、肩挨肩地围坐在一起休息。长期的艰苦行军和战斗生活，使她们极度衰弱、疲乏，不久，就进入了梦乡。

　　漆黑的夜幕，闪烁的火光，伴着汩汩的流水。突然，一个人影出现在岗梁上，他发现了闪动的火光，黑暗中，脸上露出狡黠的狂笑。此人是当地臭名昭著的大特务葛海禄，他正要去找情妇寻欢，路过此地。凭多年的山林生活经验和反动走狗的嗅觉，他断定，一定是抗联队伍在露宿。他急忙转身返回下样子沟（今林口县民主村），向驻刁翎地区的日伪军报告。千余名敌人连夜向我露营地扑来。

天亮了，战士们发现，洪水已吞没了原有的渡河道口。师长关树范命参谋金石峰领8名女战士先行渡河。9个人来到河边，由于8名女同志都不会泅水，金石峰便先下河探个深浅。一会儿，他已经游到对岸。冷云等人正要下河，突然，身后枪声大作。偷袭的敌人已经开始进攻。大部队由于仓促应战，正在向西边的柞木岗密林地带退却，冷云她们被敌人的火力隔在了岸边。此时，追上大部队已经不可能，蹚过河，又会暴露目标。冷云果断地指挥战士们分成三组，躲进柳条丛中，准备迎击敌人。

敌人正以猛烈的炮火围追大部队，部队撤退受阻，情况十分危急。8个人看在眼里，急在心头。只有转移敌人火力，才能挽救大部队，想到这里，冷云一声令下："打！"话音刚落，8支长短枪一齐开火，仇恨的子弹射向敌人。敌军顿时大惊，以为河边还有抗联主力，马上组织部分兵力掉转枪口，向冷云她们扑过来。我军大部队趁势冲进密林中。

当部队指挥员意识到，8名女战士为掩护大部队已身陷重围，处境非常危险时，想要率部队返回接应她们，已经来不及了。敌人用重重火力堵住了山口，切断了他们之间的联系，大部队几次冲击都未能成功，如此恋战下去，会有全军覆没的危险。此刻，已不容她们多想，只听她们齐声高喊："战友们！快冲出去！别管我们！"喊罢，用力掷出几颗手榴弹……

敌人见追赶大部队已不可能，便朝柳条丛这边猛扑过来，叽里呱啦地乱叫着，企图活捉几位女战士。但是敌人的算盘打错了，8个人虽然用的都是轻武器，弹药又少，可她们丝毫没有胆怯。在掩护大部队撤退成功后，更是军心大振，她们以胜利者的喜悦和破釜沉舟的决心去迎战敌人。在冷云的指挥下，她们分散隐蔽，这一枪，那一枪，打得敌人蒙头转向；有时8枚手榴弹一起抛出，敌人一倒一片，打得他们狼狈不堪。

战斗在继续，由于敌我力量相差悬殊，8名女战士弹药匮乏，形势十分严峻。郭桂琴和黄桂清已经负伤，杨贵珍正在忙着给她俩包扎伤口。这时，一颗迫击炮弹打在她们藏身之处，周围的树丛和荒草很快被炮火点燃，安顺福、胡秀芝，李凤善、王惠民忙着用自己的衣服扑打要烧向身边的大火，浓烟呛得她们睁不开眼睛。几个人清理一下弹药，只剩下两颗手榴弹了。大家心里明白，最后的时刻到了，不是战死，就是被俘；而被俘，那是抗联战士最大的耻辱。

敌人越来越近，刺耳的叫喊声清晰可闻："别让她们跑了！抓活的！"战士们一双双布满血丝的眼睛投向冷云，冷云的目光从泛着白浪的河面上收回，她抬起头，在姐妹们脸上一一扫过，轻轻地把王惠民搂在怀里，抚弄着她的秀发，平静而坚定地说："同志们，我们是共产党员，是抗联战士，宁死也不做俘虏！现在咱们弹尽粮绝了，只能蹚水过河！能过去，就有生的希望；过不去——"说到这儿，她又看一眼滔滔的河水说道："就让我们与这河水为伴吧！"说罢，她将空匣枪往腰里一插，与杨贵珍用力甩出最后两颗手榴弹。

"轰""轰"两声，手榴弹在敌群中炸开了花。冷云微微一笑，断然下令："过河！"8个人相互搀扶着一步步走进河里。河水浪大水急，寒冷刺骨。敌人的子弹从身后追来，从头上、耳边呼啸而过。渐渐地，河水没过腰部，激流冲得她们站立不稳，忽而倒在水中，忽而挣扎起来。突然，河岸上又飞来一串机枪子弹，王惠民身子一歪，倒下了，冷云刚要去抱她，不料，一粒子弹打中她的肩头，胡秀芝连忙扶住她，安顺福就势抱起王惠民，杨贵珍和李凤善也分别背着负伤的小黄、小郭。"宁可站着死，也不跪着生"的坚强信念支撑着她们，她们昂起头，高声唱起《国际歌》，艰难地走向河中心。突然，一颗迫击炮弹在她们身旁爆炸，顷刻间，巨浪冲天，待轰然落下时，河面上已看不到那些英勇豪迈的身影。

乌斯浑河恢复了往日的宁静，呜咽的河水卷着泪花向前奔涌。"满腔的热血已经沸腾，要为真理而斗争"的悲壮歌声，久久回荡在河流、在山岗、在整个东北平原，在父老乡亲们的心里，直到永远，永远！

东北抗联博物馆

# 一·二六指示信

　　1933年1月26日，中共驻共产国际代表团和当时在苏联的一些中国共产党人，以中共中央的名义发出《给满洲各级党部及全体党员的信》，它就是东北抗日斗争中著名的《一·二六指示信》。

　　九一八事变后，日本帝国主义武装侵占东三省。东北义勇军及党直接领导的反日游击队纷纷建立，并在与日伪军战斗中不断壮大。但由于当时党中央领导机关仍在推行王明"左"倾错误路线，尤其是1932年6月召开的北方会议，不顾东北人民抗日救国的迫切要求，规定东北要和南方革命根据地一样进行土地革命，建立苏维埃和红军。会议还着重反对所谓"北方特殊论""北方落后论"，打击那些坚持正确意见的同志。会后，将坚持抗日斗争正确方向的中共满洲省委书记罗登贤同志调离领导岗位；对省委和一些地方党组织负责人坚持援助义勇军和联合其他抗日武装力量的正确主张和实际工作，均斥之为"右倾机会主义"；且无视东北已沦为日本帝国主义殖民地的事实和由此引起的阶级关系的变化。战斗在抗日前线的东北党组织和各级干部、战士对北方会议精神有抵触情绪，多次向上级强烈地提出改变错误方针的要求，以便进一步发展、壮大由党直接领导的游击队，团结各阶级、各阶层抗日群众和各种抗日力量，坚持和发展抗日游击战争。

　　1932年8月，共产国际召开了执委会第十二次全会，提出了在东北地区应与关内有区别的任务。即提出："开展游击战争，在满洲建立农民委员会，抵制政府的捐税和命令，没收汉奸的财产，组织人民政权的选举等"口号。接着，中共驻共产国际代表团和当时驻苏联的一些共产党人，根据共产国际执委会第十二次全会精神，讨论了日本帝国主义占领东北后的形势和斗争策略问题，并于1933年1月26日，以中共中央名义发出《给满洲各级党部及全体党员的信》（简称《一·二六指示信》）。指示信对日本侵占东北后东北政治形势特点、各个阶级、各抗日军队政治态度及其相互关系做了基本正确的分析，提出了党领导东北人民进行抗日斗争所必须采取的总的策略方针："尽可能地组成全民族（计算到特殊环境）反帝统一战线，来聚集和联合一切可能的、虽然是不可靠的动摇力量，与共同的敌人——日本帝国主义及其走狗斗争。"明确提出了党在东北三省组织反日民族统一战线的方针，联合各种反日武装力量共同抗日。虽然这封信还保留一些"左"的错误观点，但在纠正北方会议的错误方面起了重要作用。即停止实行土地革命政策，将建立苏维埃政权和红军，改变为建立抗日人民政府和人民革命军。

1933年春，这封信传到满洲省委会，得到积极贯彻执行。东北地区著名抗日将领杨靖宇、周保中、赵尚志、冯仲云等一致认为，《一·二六指示信》将对东北抗日游击斗争的发展起决定作用。从1933年9月到1936年12月，东北人民革命军6个军相继成立，东北抗日游击战争有了新的发展。

现收藏的《一·二六指示信》，是珠河团县委依照满洲省委1934年5月20日第三版翻印件再翻印的，虽有缺损，但属真品，非常珍贵。1996年该"信件"被鉴定为国家一级文物。

1933年1月26日，中共中央给满洲各级党部及全体党员的信

# 中国人民解放的道路

　　东北烈士纪念馆里珍藏着一本东北抗日联军后期在苏联边境野营整训期间进行政治学习的重要教材——《中国人民解放的道路》，其内容为毛泽东同志在中共中央六中全会上的报告《论新阶段》。它如同黑暗里的一盏明灯，照亮了东北抗日联军前进的道路，坚定了他们争取抗战胜利的信心。

　　自1939年以来，日寇调集重兵疯狂围剿东北抗日联军，致使抗联部队陷入极端困难，受到很大损失。为了求得在困境中生存和发展，1940年初，中共北满省委和吉东省委主要负责人冯仲云、周保中等界到苏联的伯力城开会，研究有关东北抗日游击战争的新策略和战略方针等重大问题。会议期间接到了毛泽东于1938年10月12日至14日在中国共产党扩大的六届六中全会上的报告《论新阶段》。他们请苏联远东军区有关部门帮助刊印成书。为迷惑敌人，书的封面下款印有"1940年2月——佳木斯，吉东和北满中共委员会印刷所"。书为平装32开本，5号铅字竖排版，新闻纸印刷。全书共101页，4万余字，字迹清晰，并加一醒目书名《中国人民解放的道路》。这对当时远离延安并与党中央失去联系的东北党组织和抗联部队来说，能得到毛泽东的著作，能听到党中央的声音是多么的重要和亲切！使抗联党组织能了解党中央路线、方针、政策，明确斗争方向，继续坚持斗争，起了极大的鼓舞作用。东北抗日联军党组织及时将此书分发到东北的各部队和后来进入苏联边境野营的指战员手中，组织大家认真学习讨论。抗联部队没见过毛泽东照片，他们将此书扉页上的毛泽东画像临摹放大，端端正正地挂在野营抗联教导旅旅部、营部的办公室里和连队的学习室里。为了使大家学好这本书，举办了连以上干部和政治教导员学习班。请在抗联教导旅工作的刘亚楼同志结合东北抗日斗争的实际情况，对这本书做辅导讲解。通过学习，使广大指战员更加明确斗争方向，鼓舞斗志，激发爱国主义精神，坚定抗战必胜的信心。

抗战胜利后，抗联部队回国时即很少有人将此书带回并保存下来。直到1955年夏，原东北抗联将领、国家水利部副部长冯仲云同志去苏联谈判，苏方交给他一批抗联文献资料，其中就有这本书，而且是唯一的一本，非常珍贵。冯仲云回国不久，东北烈士纪念馆工作人员郭肇庆去北京访问他，冯仲云同志将这本《中国人民解放的道路》捐赠给东北烈士纪念馆陈列展出，对广大群众进行革命传统教育。

1940年，东北抗联部队的政治教材《中国人民解放的道路》

东北抗联博物馆

# 抗联教导旅小部队使用的电台

　　1985年8月29日，黑龙江省东宁县绥阳林业局柳桥沟林场退休工人梁勇等4人到寒葱河13班采蘑菇，在一个小山洞内，发现了一个用5层胶合版钉制的木箱，箱内有一部旧式无线电收发报机和一部伪满康德六年出版的小字典，字典上有"朴英山"3个字。下山后，他们就把木箱交给了当地的公安机关。

　　经初步检查，这部电台外观完整，还附有耳机、电键盘等部件及维修工具。引人注目的是电台上有"USA"（美国）字样。在这远离城镇的荒山僻岭里发现了有"USA"字样的电台，不能不引起人们的猜疑，当地公安部门决定立案侦查。

　　根据"朴英山"这一线索，东宁县林业公安机关进行了多方查询，最后在史学家那里找到了答案。原来朴英山是一位东北抗联战士，是抗联教导旅小部队成员。这部印有"USA"字样的电台与美国没有任何关系。它是二战期间苏联提供给抗联教导旅小部队的电台。当时苏联还没有向日本宣战，苏方怕电台落入日本人手里，引起不必要的外交事端，故意在电台上印制了"USA"3个字母。那本写有朴英山名字的小字典，便是报务员使用的密码本。那么这部电台为什么会隐藏在这里呢？原来，1939年后，东北抗日斗争进入最艰苦时期，为保存实力，抗联部队转入苏联境内，被编为抗联教导旅。该旅成立后，除日常训练外，主要担负对东北边境日军分布情况的侦察任务。1940年，抗联五军副官朴英山随队进入苏境。此后，他数次率小部队返回东北，在东宁穆棱一带活动，搜集日伪兵力部署、特务网点分布及飞机场位置等情报，并及时通过这部电台，用密码与苏联远东军区情报部门联系。后因携带的电池用完了，遂将电台隐藏在山中石洞里。1944年6月，朴英山与两名战士在宁安县南马场活动时，被特务发现，战斗中两位战友牺牲，朴英山受伤被俘，被押至哈尔滨，在那里被杀害。从此，这部电台一直隐藏在山中石洞里，无人知晓。

　　这部电台反映了1942年至1945年初，抗联教导旅不断派遣小部队和个人出入中苏边境，为苏军提供了大量情报的历史事实。正是在抗联教导旅小部队提供的大量情报基础上，苏军基本摸清了日本关东军在中苏边境一带筑垒地域的分布情况。1945年苏联红军出兵东北时，攻击日军筑垒的前线部队连以上军官都发了日军防御工事的大致标图，其准确程度使日军疑惑不解。抗联教导旅小部队用自身的行动和鲜血，有力配合了东北光复。这部电台便是典型的物证。1996年这部电台及密码本被定为国家一级文物。

1943—1944年，抗联教导旅小部队使用的电台

# 满洲农业移民入植图

　　1996年3月，武警哈尔滨干部学校孙凤来同志向黑龙江省革命博物馆（今东北抗联博物馆）捐献了一张《满洲农业移民入植图》。这是迄今为止发现的仅有的一份有关日本侵略中国进行移民的第一手资料，也是日本妄图长期占领、掠夺、奴役中国人民的又一历史物证。是我们研究日本帝国主义侵略中国的珍贵史料，具有很高的文物价值，后被国家文物局专家组评定为国家一级文物。

　　《满洲农业移民入植图》是日本昭和十四年（1939年）由日本拓务省出版，日本杉田屋印刷所印制。用100克凸版纸，红、黑、浅蓝3色胶版印刷，纵76厘米，横54厘米，保存现状完好。

　　从这张《满洲农业移民入植图》上，我们可以清楚地看到日本帝国主义侵占我国东北后，有计划、有组织、大规模向中国进行移民的详尽安排。日本军国主义侵略中国，向中国大量移民，妄图长期占领中国领土，使其变成永久性殖民地的野心是由来已久的。最早可以追溯到中日甲午战争时期，即有日商三井物产进入中国营口专营贸易。"营业小民遍布，流滞不去。奖励全国商民移植各埠，有增无减。"可谓是日本在中国东北的早期移民。其后，日俄战争及1906年"满铁"设立时期，就有满铁首任总裁后藤新平鼓吹"移民事业最重要"，开始了有目的、有计划的移民活动，至九一八事变前后分布在东北的日本农业移民约有2500户，6800人。九一八事变后，中国东北沦为日本帝国主义的殖民地，日本陆军省、拓务省，特别是日本关东军，认为向中国东北大量移民的条件已经成熟，制定了一系列移民政策，掀起了移民狂潮。这期间日本侵略者两次召开移民会议，制定了《满洲农业移民根本方策案》，通过了《满洲农业移民百万户移住计划案》和具体的《暂行甲种移民实施要领案》，计划用20年时间，分4期，每期5年，向中国移民100万户。当时的日本广田内阁把此项工作列为日本的7大国策之一。因此从1932年10月到1936年7月，日本侵略者在中国东北进行了5次武装移民，移民团数9个，移民人数2811人。所谓的20年百万户移民计划是从1937年开始实施的，随着1945年日本战败投降，其庞大的移民野心并没有全部完成。但期间实际移民也已达10.6万户，共31.8万人，侵占土地152.1万公顷。

　　日本帝国主义的移民政策给我国东北人民带来了深重的灾难，大量的土地资源被掠夺，使东北人民失去了世代生存的土地，流离失所，成为难民或日本人的苦役。对这段沉痛的历史，我们是永远不会忘记的。

东北抗联博物馆

# 侵华日军第七三一部队的
# 石井氏细菌炸弹弹壳

  第一次世界大战后，日本军国主义者开始秘密进行细菌武器的研制工作，具体从事这项罪恶活动的就是臭名昭著的七三一部队。

  侵华日军第七三一部队，是由日军少将军医石井四郎创建的，通称"石井部队"。这支部队始建于1933年，1939年正式建成，拥有人员800名，1941年扩充到近3000人。部队本部设在哈尔滨市平房镇，主要活动是研制、试验细菌武器。这伙杀人魔王在细菌武器研究过程中，竟用活人做实验。被实验的人统称"木头"，他们有的被注射鼠疫等各种烈性菌，然后被活活解剖；有的被剥光衣服，在零下几十摄氏度的低温下接受冻伤实验；有的被关进气压实验室，在高压下慢慢死去；有的被绑在木柱上，忍受着细菌弹在身边爆炸，供观察从感染到发病、死亡的全过程。石井部队研制的细菌炸弹与一般炸弹有很大区别。它的外壳为陶瓷材料，表面有曲线沟槽。壳嘴部有4条"爪"形纹，壳沟槽内放置少量炸药，就足以爆破瓷质外壳。壳内装有染了鼠疫菌的跳蚤。炸弹顶端装有调节降落高度的装置，从飞机上投放时，在降至距地面100～200米处爆炸，弹内带鼠疫菌的跳蚤则散落地面。1941年6月，七三一部队曾在安达实验场用活人来进行这项惨无人道的实验。

  1945年，日本战败投降，七三一部队在撤退前，为逃避罪责，炸毁了本部的主要建筑，仪器设备以及重要资料也被全部销毁。抗战胜利后，中国有关当局和专家学者对七三一部队驻地进行调查，发现了一些遗址和遗物。

  有一枚高68厘米，腹围72厘米，口径22厘米，重8750克的细菌弹外壳，是哈尔滨市卫生局跃进展馆在1959年拨给东北烈士纪念馆的。该物是七三一部队从事细菌武器研制活动的铁证，它向世人展示了日本军国主义的侵略性、疯狂性和凶残性，时刻提醒世人不要忘记侵华日军第七三一部队令人发指的罪恶行径，决不能让历史的悲剧重演。

侵华日军第七三一部队的石井氏细菌炸弹弹壳

# 中共黑龙江历史纪念馆

# 黑龙江省第一批
# 中共党史教育基地

中共黑龙江历史纪念馆坐落在哈尔滨市南岗区一曼街243号，是一座系统展示革命、建设和改革时期中国共产党在黑龙江发展历史的场馆，与东北烈士纪念馆和东北抗联博物馆合署办公，是黑龙江省第一批中共党史教育基地。中共黑龙江历史纪念馆大楼，系五层现代建筑，占地4346.73平方米，建筑面积4812.4平方米，陈列面积3984.41平方米。

2008年，第十届黑龙江省委常委会议第三十八次会议决定建立中共黑龙江历史纪念馆。2011年12月5日，省委决定在东北抗联博物馆现有场馆基础上建设中共黑龙江历史纪念馆。2012年10月29日，中共黑龙江历史纪念馆对外开放。

《红旗　黑土　丰碑——中共黑龙江历史陈列》是中共黑龙江历史纪念馆基本陈列，全国首个全方位展示地方党史发展的全史展览。展览用翔实的文史资料、多种现代艺术表现形式，展现黑龙江各级党组织率领人民群众走过革命、建设和改革的伟大历程。

中共黑龙江历史纪念馆基本陈列展出图片1600多幅，文物及实物500余件，大型场景5个。展览共分为"亲切关怀　殷切希望""播撒火种　革命觉醒""烽火岁月　艰苦卓绝""自力更生　力创伟业""改革开放　开拓前行""科学发展　再铸辉煌""群星璀璨　大爱无疆"7个部分。文物藏品紧紧围绕陈列主题，选择中国共产党创建时期马克思主义思想传播至中国的报刊、档案等第一手文献资料；抗战时期反映东北十四年艰苦抗战的重要抗联文物；解放战争时期作为战时大后方的黑龙江地区全力支前的典型文物；社会主义建设时期和黑龙江省改革开放后经济建设的珍贵藏品和典型实物。其中，国家一级文物有中东铁路大罢工时使用的汽笛、清代中俄国界第21记号、北京市青年志愿垦荒队队旗。

自2012年开馆至今，中共黑龙江历史纪念馆已累计接待各界观众110余万人次，举办了《纪念毛泽东同志诞辰一百二十周年集邮·书画·收藏展》等多个临时展览，在观众中产生了强烈的反响。

为做好中共黑龙江历史陈列的宣传和推广工作，更好地发挥党史教育的宣传阵地作用，扩大对外影响，中共黑龙江历史纪念馆制订了专门的宣传推广计划，并精心组织实施。黑龙江电视台等省内其他媒体连续对该展览开展系列深入报道。2013年12月24日，以陈展内容为主题的邮票珍藏册《旗帜》举行首发仪式，增强纪念馆的平面宣传效果。为了增强宣传效果，中共黑龙江历史纪念馆构建了数字展览馆，借助互联网上的这扇虚拟窗口，让观众充分了解展品信息，增强走进实体展馆的兴趣，同时让虚拟展馆对实体展馆所无法实现的互动功能进行了有益的补充。

2012年10月29日，中共黑龙江历史纪念馆开馆仪式

中共黑龙江历史纪念馆

# 红旗 黑土 丰碑
## ——中共黑龙江历史陈列

　　黑龙江是一方具有光荣革命传统的红色沃土。在中国共产党领导下，黑龙江各族人民浴血奋战，艰苦创业，开拓进取，谱写了波澜壮阔、光辉灿烂的历史篇章。

　　为了全面展示中国共产党在黑龙江的历史，中共黑龙江历史纪念馆推出基本陈列《红旗　黑土　丰碑——中共黑龙江历史陈列》，用丰富翔实的史料，生动形象的形式，展示了黑龙江各级党组织率领人民群众走过的艰辛历程，展现龙江儿女英勇斗争、为民族独立解放付出的巨大牺牲，展现各族人民艰苦奋斗、为社会主义建设事业谱写的创业新篇，展现全省人民开拓创新、科学发展铸就的新的历史辉煌。

　　陈列面积为3984.41平方米，内容丰富，展出图片1600多幅，文物及实物400余件，大型场景5个。陈列共分7个部分，分别为"亲切关怀　殷切希望""播撒火种　革命觉醒""烽火岁月　艰苦卓绝""自力更生　力创伟业""改革开放　开拓前行""科学发展　再铸辉煌""群星璀璨　大爱无疆"。

　　陈列史实准确，重点突出，特色鲜明，制作精良，以生动的艺术表现形式将历史图片、文物与典型的场景融为一体，形式与内容和谐统一，具有强烈的震撼力和感染力。其经典之处可简要概括如下：

### 1.主题突出，特色鲜明

　　陈列以中国共产党领导黑龙江发展的历史为主题，紧扣时代脉搏，将党在黑龙江的不懈奋斗史、艰苦创业史、改革发展史和自身建设史与黑龙江地区独有的地域特色及红色文脉融为一体，做到主题突出，特色鲜明。

作为地方党史陈列馆，本陈列充分体现地域特色，深入挖掘黑龙江党史的独有特点，提炼出黑龙江在各个历史时期对于全国建设的独特作用和贡献，并给予充分展示。如开辟"红色通道"对于传播马克思主义及中国共产党建立的重要作用；东北抗日联军的斗争对于全国抗战的贡献；黑龙江作为解放战争根据地对于全国解放的贡献；"一五"时期的重点工程建设项目作为我国工业化基础的重要组成部分，对新工业基地形成的促进作用；黑龙江省的"三大开发"对于国家能源建设的贡献；"八大经济区""十大工程"发展战略对于促进黑龙江省全面发展的作用。

陈列内容的总体结构采取编年体与专题相结合的形式，划分为七个部分，各部分中设若干单元，以大写意的方式展示党在黑龙江各个时期的发展历程。此外，陈列还营造多个亮点，设计多个专题，充分表现各时期黑龙江党史上的重大历史事件和重要历史人物。

### 2.形式多样　气势恢宏

《红旗 黑土 丰碑——中共黑龙江历史陈列》的形式设计以彰显主题、突出特色为原则，既庄重典雅、气势恢宏，又具有强烈的时代感，力求将陈列的主题与精神内涵以多种艺术表现形式完美呈现，达到震撼心灵的目的。

前厅正面是一组飘扬的党旗雕塑，与厅中红色的镰刀和锤子的抽象组合造型遥相呼应，向观众传递出党史馆的特质。两侧展壁的"历程墙"把前厅与展厅连在一起，墙上印刻着中共黑龙江历史上重大事件的时间节点，起伏延伸的曲线造型，象征流淌不息的红色岁月。

序厅正面是一组党员队伍的大型群雕——"先锋队"，生动地刻画了不同时期的优秀共产党员的光辉形象。群雕下方为黑土造型，群雕上方背景为大幅黑龙江地图。天棚中央由红旗和党徽造型构成的红色图案，象征着党的领导。一侧墙面上是党的五代领导人毛泽东、邓小平、江泽民、胡锦涛、习近平的大幅照片。序厅整体设计集中诠释了"红旗 黑土 丰碑"这一展览主题，寓意在黑龙江这片热土上，党领导各族人民走过的艰辛之路，取得的辉煌成就，迈向美好的明天。

陈列综合运用多种展示手段，对重点内容采用主题雕塑、大型场景、油画及多媒体视频等设计形式，营造出特定的历史氛围，将观众带入特定的历史情境中，极具视觉冲击力和艺术感染力。

大型场景——"冰趟子"战斗，以背景画与雕塑等形式相结合，营造出逼真的战斗场景，表现抗联第三军军长赵尚志指挥部队在通北"冰趟子"伏击日伪军的场面，生动地展示了东北抗联巧妙利用地形优势、以少胜多的一次典型的伏击战。

大型步入式场景——风雪露营，以场景复原的形式，展示北满抗联部队西征时的艰苦生活，配合灯光效果，表现战士们在冰天雪地的密林中点燃篝火取暖的情景。"火烤胸前暖，风吹背后寒"，是东北抗日联军艰苦卓绝斗争生活的真实写照。整个场景长26米，将前后两个展厅连为一体，观众穿行于场景中，耳畔萦绕着《露营之歌》的旋律，仿佛置身于烽火岁月，可以感受到抗联将士不畏艰险、誓死抗击侵略者的豪情壮志。

半景画场景——拓荒，展示了十万官兵开发北大荒的艰苦劳动场面。背景为表现垦荒队员在北大荒点燃荒火、安营做饭的半景画，前景是垦荒队员奋力开荒的人物雕塑。前方展柜中有当年垦荒队员用过的各种垦荒工具。虚实结合，给观众以想象的空间。

陈列还多处运用多媒体影视技术，更加生动直观地再现历史。辅以互动式电子触摸屏，使观众可以亲身参与和体验，一方面加强了展览的趣味性，另一方面增加了展览的信息量，也为陈列内容的进一步充实提供了空间。

多媒体互动式电子图版——院士风采，介绍黑龙江省44位中国科学院院士、中国工程院院士，观众点触到哪位院士的名字，大屏幕上就相应地出现人物照片及简介。

陈列尾声处分别设计了一组"贡献墙"主题艺术铜雕和以"未来展望"为主题的大型多媒体投影。"贡献墙"以一组有力的统计数据，分别展示了东北抗联的历史贡献、黑龙江为全国解放做出的贡献、为抗美援朝做出的贡献、为国家贡献的粮食与能源等。"未来展望"多媒体投影则以视频的形式展现出龙江发展建设的美好前景。

回顾历史，展望未来，《红旗　黑土　丰碑——中共黑龙江历史陈列》为我们展现了中国共产党在龙江大地上谱写的壮丽史诗——它是一部党领导黑龙江人民在革命、建设和改革中艰难求索，不断前行的奋斗史和创业史；是一部黑龙江人民在党的领导下同心同德、艰辛开拓的发展史和成就史；是一部党在黑龙江日益成熟、发展壮大的自身建设史。它必将成为激发黑龙江人民奋发进取的宝贵精神财富。

　　辉煌业绩永载史册，宏伟蓝图催人奋进。进入新时期，面对新考验，具有光荣传统、勤劳而智慧的龙江儿女，在党的坚强领导下，开拓进取，艰苦创业，科学发展，正奋力谱写全省人民幸福美好生活的新篇章！

　　中共黑龙江历史纪念馆的建立与基本陈列的推出，为广大党员干部和青少年学生提供了一个了解党的历史，接受爱国主义和革命传统教育的生动课堂，也为广大群众进一步了解省情、弘扬龙江精神开辟了一个新的活动场所。

中共黑龙江历史纪念馆

# 展 厅 掠 影

前厅

序厅群雕:《领路人》

雕塑:《中共哈尔滨组成立》
　　　(人物:陈为人、李震瀛、陈晦生)

展厅

①大型场景——"冰趟子"战斗

②大型步入式场景——风雪露营

③大型场景——分田地

④半景画——拓荒

① ② ③ ④

# 黑龙江最早的共产党员

马 骏

马骏，又名天安，是党的早期活动家和领导者，中国革命的先驱人物，他的革命事迹为我们留下了壮丽的爱国主义篇章。

1919年5月4日，北京爆发了"外争国权，内惩国贼"的伟大反帝爱国运动。消息传到天津，爱国学生成立了天津学生联合会，马骏被推举为副会长兼执行部长。在南开大学门前的广场上，马骏主持召开了天津爱国运动大会。提出六项誓言，并率众宣誓：为保国土，挽国权，除国贼而斗争到底。在天津各界民众大会上，马骏发表了激昂的演说。各界为声援学生运动纷纷采取行动：工人罢工，商人罢市。唯有总商会屈于政府压力，贴出开市布告。马骏闻讯率众赶来。一个不怀好意的商人阴阳怪气地问马骏："先生何处人？天津可有财产？"马骏拍案而起，愤然道："鄙人东北人，天津固无财产，尚有一腔热血，愿洒于诸君面前，一死以报国人。"言毕，挺身以头向身旁的柱子撞去。幸有人奋力拦阻。马骏的慷慨捐躯唤醒了商会董事们的爱国良知，遂宣布罢市。

五四运动推动了全国爱国运动。这时反动军阀山东镇守使马良杀害"回教救国后援会"会长马云亭，残酷镇压爱国运动，制造了震惊全国的"山东惨案"。京津代表郭隆真、刘清扬、瞿秋白等25人在新华门请愿被全部逮捕。为营救、声援被捕的学生代表，马骏任总指挥，率京、津、鲁等地3000人，在新华门、天安门与反动政府和军警坚持斗争3天。反动军警十分惊恐，指名要捉拿大闹天安门的学生领袖马骏。为保护同学们免受迫害，马骏挺身而出，被捕入狱。天安门前的石狮有灵，威严挺立的华表为证，广场上空回荡着一个不朽的名字——马天安！

1922年2月2日，在马骏的启发指导下，韩铁生、张树屏、于芳洲、袁世安等组织发起了"哈尔滨救国唤醒团"。2月10日，救国唤醒团在哈尔滨滨江公园，召开市民大会，抗议华盛顿九国会议强加给中国的不平等条约，会后冒雪游行示威。这是哈尔滨最早的反帝爱国示威活动。

1924年的一个仲夏之夜，古城宁安街街空巷，人们云集到老戏园子来开民众大会。戏台上，马骏正在揭露土豪劣绅何光甲、孙彦卿准备向日本帝国主义出卖镜泊湖的森林资源，及与日本合谋修筑宁海铁路的卖国罪行。墙壁上张贴着打油诗："吉林宁古塔，有个何光甲，此人是为谁？是个卖国贼。"戏园子里群情激愤，孙彦卿躲到望江楼里未敢露面。马骏这一行动打击了日本帝国主义及其走狗的嚣张气焰，粉碎了其修筑宁海铁路的阴谋。

1927年初夏的一天，马骏匆匆告别了莫斯科中山大学的同学，乘上归国的列车。望着窗外的茫茫林海，马骏脑海里浮现的都是危亡中的祖国。蒋介石发动了"四一二"反革命政变，滚滚长江流淌的是中国共产党人的鲜血。回到古老而熟悉的北京城，马骏受党和人民重托，担任了中共北京市委书记和组织部长。

面对白色的恐怖，马骏坚定地说："革命，早就记不得死活。"在最艰苦的时刻，马骏风趣地说；"党派我回来，不是让我做客。"正当马骏奋不顾身开展工作的时候，不幸被叛徒出卖，于12月3日被捕。

法庭上，面对所谓的审判，马骏把敌人驳得体无完肤。在所有酷刑面前，马骏的回答都是无言；种种高官厚禄和许愿，马骏报以嘲讽和冷眼。疯狂的敌人无计可施，将马骏杀害于北京朝阳门外。

在中国共产党第七次全国代表大会上，马骏被定为烈士；新中国成立后，党和国家为马骏举行公祭大会，将他的墓迁至北京日坛公园。1995年，在马骏诞辰百年之际，马骏纪念馆在他的家乡宁安落成。英雄魂归黑土地，黑土地呼唤后来人。

中共黑龙江历史纪念馆

# 第一任中共满洲省委书记

陈为人

陈为人，湖南省江华县人，1920年参加上海第一个共产主义活动小组，首批赴俄东方劳动者共产主义大学学习，代表中国社会主义青年团参加共产国际第二次代表大会。中国共产党成立时，陈为人与刘少奇在莫斯科首批转入党组织。1923年受中共北京区执委的派遣到哈尔滨组建党团组织。1924年协助陈独秀编辑《向导》。党的八七会议后，为加强东北地区党的组建工作，党中央和北方局决定派遣陈为人再返东北组建中共满洲省委。

1927年10月，陈为人偕妻子韩慧英来到白色恐怖笼罩的沈阳，时值中共北方局遭到破坏，关系均做了转移。10月24日，陈为人与在哈尔滨担任中共北满地委书记的吴丽石商量决定，在哈尔滨市的阮节庵家，主持召开了东北地区第一次党员代表大会，陈为人传达了八七会议精神和党中央提出的建立东北党的最高领导机构的指示。会议通过了《我们在满洲的政纲》《满洲工人运动议案》《满洲农民运动决议案》等文件。这次会议宣告成立了东北三省的统一领导机关——中共满洲临时省委。陈为人当选为第一任中共满洲省委临时书记兼宣传部长，吴丽石为组织部长兼农运部长，王立功负责工运，胡步三负责军运，韩慧英负责妇运工作，省委机关设在沈阳。

中共满洲临时省委成立后，陈为人首先进行了各级党组织的恢复、整顿和发展工作。陈为人和临时省委委员分赴各地，帮助恢复和整顿党的基层组织。经过一段时间的努力，哈尔滨、大连组建了市委，吉林、长春、沈阳组建了区委。全满洲共有34个党支部，使大革命失败后沉寂和停顿的满洲党组织，逐渐恢复了生机，并担负起许多党的重要工作任务。

陈为人的包袱皮

1928年春，由于国内形势紧张，中央决定中国共产党第六次全国代表大会在莫斯科举行。会议之前，全国各地的代表将分批前往莫斯科参加会议。当时的交通路线，除一部分由上海乘轮船经海参崴外，其余大部分由上海经大连到哈尔滨，然后由哈尔滨交通站护送到满洲里或绥芬河出境。当时，陈为人要求满洲省委要万无一失，在大连、哈尔滨、满洲里、绥芬河周密安排护送六大代表安全过境。周恩来、邓颖超、张国焘、瞿秋白、罗章龙、张昆弟及云南、广东、广西等地的40多名代表都经由东北安全到达莫斯科，保证了中国共产党第六次全国代表大会于1928年6月18日到7月10日在莫斯科胜利召开。

1928年秋的一天，陈为人兴奋地从外面回来，要韩慧英收拾一下房子，说周恩来同志要来。韩慧英将保姆和孩子打发出去。傍晚，陈为人偕同周恩来穿街过巷，来到皇寺大街福安里19号满洲省委机关这幢青色砖瓦的平房里。韩慧英自觉地站在门边守护，注意外面的动静。

在这里，陈为人向周恩来汇报了东北党的工作情况；同时他和省委成员认真听取了周恩来对东北工作的指示和党的六大会议精神传达。之后，陈为人还陪同周恩来会见兵工厂的青年工人，了解工人运动情况。

1932年，陈为人到上海负责中央文库工作，为保存整理中共中央机密文件做出重要贡献。1937年3月，党的优秀干部陈为人病逝于上海。

# 共产党员不许离开东北

罗登贤

那是1932年初，坐落在松花江桥旁边牛甸子小沙岛上的冯仲云家里，正在召开中共满洲省委的高级干部会议。一位操着带有广东口音普通话的青年正满腔义愤地对与会的同志说："蒋介石国民党以不抵抗政策出卖东北同胞，我们中国共产党一定要与东北人民共患难，同生死，争取东北人民的解放。敌人在哪里蹂躏我们的同胞，我们共产党人就要在那里和敌人抗争。"接着，他又严正声明："共产党员不许离开东北，谁提出离开东北的要求，谁就是恐惧动摇分子，不是共产党员。"这就是当时担任中共满洲省委书记的罗登贤同志。他这段铿锵有力的音词，表达了中国共产党人面对日本帝国主义侵略的严正立场，它至今仍回荡在东北人民的心中。

罗登贤，原名罗举，1905年生，广东南海人。他从小家境贫寒，11岁时跟随姐夫进入香港太古船厂当学徒，后来又在这个厂当了6年钳工。长期的工厂生活，培养了他对阶级兄弟的团结友爱和对资本家的反抗精神。1925年3月，罗登贤加入中国共产党。党的培养教育和革命斗争的锤炼，使他锻造成一名优秀的无产阶级战士和工人运动的组织者，参加了省港罢工委员会的领导工作。1928年，在中国共产党第六次全国代表大会上，罗登贤当选为中央委员和政治局候补委员。

1931年春夏之交，罗登贤由中共中央派往东北任驻满洲省委代表，化名达平。九一八事变后第二天，罗登贤便立即召开中共满洲省委紧急会议，研究分析这次事变的性质，发表了《关于日本帝国主义武装占领满洲宣言》。宣言指出："日本占领满洲这一事件不是偶然的。这一政策是日本帝国主义者为实现其'大陆政策''满蒙政策'所必然采取的行动。""日本帝国主义之所以能占据满洲，完全是国民党军阀投降帝国主义的后果。"做出了《关于日本帝国主义武装占据满洲与目前紧急任务的决议》，并组织满洲省委认真地研究了中共中央关于九一八事变的宣言、通电所提出的主张。号召工农兵劳苦群众罢工、罢课，游行示威，反对日本帝国主义的侵略。

1931年11月，中共满洲省委遭到破坏，中央立即任命罗登贤为满洲省委书记兼组织部长，组建新省委。在时局危难之际，罗登贤承担起领导东北人民反对日本帝国主义侵略的重大历史责任。

罗登贤担任中共满洲省委书记后，首先派出一批优秀党员分赴各地组织抗日武装斗争。在南满地区，先后派杨君武、杨林、杨靖宇到磐石开展由中国共产党直接领导的抗日游击战争，创立了南满游击队。在东满地区，派童长荣等组织领导了东满地区的抗日游击战争，创建了延吉、和龙、珲春、汪清等游击队。在北满地区，派赵尚志、冯仲云等同志先后创建了巴彦、珠河、汤原等抗日游击队。后来，这些游击队发展壮大成为东北抗日联军。与此同时，中共满洲省委还号召、动员群众开展援助义勇军运动，扩大抗日民族解放战争，并号召各级党组织有计划地组织工农义勇军的工作。罗登贤根据各种义勇军的不同情况，采取不同的策略，或派党员去加强领导，或派有经验的党员打进去做兵运工作，先后派周保中、李延禄、胡泽民、李兆麟等党员到义勇军中开展抗日工作。

罗登贤根据九一八事变后的新形势，领导中共满洲省委把工作重点从城市转移到农村，组织东北人民进行广泛的抗日游击战争，为东北抗日联军的建立奠定了坚实的基础，成为中国共产党在东北领导抗日武装的创始人。1932年北方会议后，罗登贤调往上海，任中华全国总工会上海执行局书记。1933年3月被捕，8月就义于南京雨花台，时年28岁。1935年，在党的《八一宣言》中，罗登贤的名字被列在为抗日救国而捐躯的民族英雄的首位，这是对罗登贤历史功勋的充分肯定。

中共黑龙江历史纪念馆

# 党的好干部孙西林

孙西林

孙西林原名孙锡麟，化名孙山、孙昌克。1910年生，辽宁昌图人。早在1925年五卅运动爆发期间，即投身于民众反帝爱国斗争。1926年9月，考入东北大学工学院，同年加入中国共产主义青年团。后赴比利时留学，又转去法国从事工人运动。1932年加入中国共产党，1934年调苏联东方无产者共产主义大学学习。1936年回国后做促蒋抗战的统一战线工作。

1945年抗日战争胜利后，中共中央组织了第一批奔赴东北的干部队伍，孙西林和其他同志一道于1945年9月2日由革命圣地延安踏上了北进的征程。

1945年11月下旬，孙西林到达佳木斯市。当时佳木斯市处在一片混乱之中，大资本家曲子明挂出"复兴委员会"的招牌，掌握市政。十四年未曾在东北露过面的"合江省国民党党部"的牌子也挂了出来，日伪残余、军警宪特伺机活动。全市断电，工厂停产，商店倒闭，市民生活十分困难。市郊各地方土匪武装接踵而起，危机四伏。为建军、建政、剿匪，稳定市民生活，恢复城市正常秩序，孙西林经过了解，提议由董仙桥同志任市长。李范五代表合江省政府正式任命董仙桥为佳木斯市市长，孙西林为副市长兼佳木斯地区专员，接收了一度被"复兴委员会"把持的市政大权，成立佳木斯市人民政府。孙西林亲自主持工商者会议，动员他们早日营业，向市民售粮售货。同时，深入发电厂、火磨厂，敦促制定恢复生产具体方案。因冬煤紧缺，孙西林和市委书记高大钧一起到双鸭山煤矿联系解决用煤问题。

当时东北的形势日趋紧张，国民党军队在美国的支持下攻占了山海关、锦州，步步向北推进。合江地区的土匪武装立即做出反应，一度被我军收编的孙荣久部叛变，勃利、林口、同江等县，接连发生反叛及负责干部被杀害的事件。三江人民自治军司令孙靖宇负伤，不能出战，佳木斯外围的大股土匪准备攻城，市内潜伏的各种反动势力在国民党"合江政治特派专员工作本部"的策划下，散布谣言，制造白色恐怖。反动特务组织密谋暴动、纵火和暗杀，妄想在1946年1月底把佳木斯从人民手中夺去。特务邬捷飞受命立即执行特殊任务，组织对关内来的老八路进行暗杀。孙西林对时局的严重性有充分的认识，多次告诫同志们做好准备，应付一切情况。在家里，他更直言不讳地对妻子林平说："党在这里还没有建立起群众基础，市政府内有大量留职人员，成分复杂，政治面貌不清，我们在明处，敌人在暗处，难免不发生意外的事。你我都要有充分的思想准备。"林平知道他谈的意外事件是什么，多次叮嘱他要提高警惕。孙西林宽慰她说："警惕是警惕，工作还是要工作。"

1946年1月30日，孙西林听说合江省工委书记李范五要去北满分局开会。为保证安全，决定让自己的警卫员小黄护送李书记。31日清晨，孙西林上班时，警卫员小黄习惯地随他跳上马车，他立即把小黄撺下去，并叮嘱小黄要保证李书记的安全。孙西林到办公室后，即与市长商量上午要办的两件事：一是火磨厂的生产问题要落实；二是买糖果，到孤儿院慰问孩子们。于是，孙西林请来实业科长申佩然、工商会长王子丹、火磨厂代理人朱耀东等人，研究粮食加工合同问题。10时左右，会议正在进行时，国民党特务邬捷飞等潜入市府楼。特务任哲贤、沈洪福分别把守前后门，邬捷飞、宁宪君直奔市长办公室。宁宪君进屋后，用枪顶住站在门旁的董仙桥市长的警卫员，邬捷飞开枪射击，副市长孙西林头部中弹当即殉职，时年36岁。

孙西林同志牺牲了，党失去了一名好干部，佳木斯人民失去了一位好市长。为永远缅怀他的光辉业绩，佳木斯人民将他的遗体安葬在市内最大的一个公园里，并将这座公园命名为"西林公园"，将市内一条主要街道命名为"西林大街"。孙西林的名字永远铭刻在佳木斯人民的心中。

中共黑龙江历史纪念馆

# 宁死不屈的王肃

王肃

王肃，原名王玉纯，辽宁新民人。1914年出生在一个贫苦的农民家庭里。1934年考入东北大学边疆政治系俄文组深造。学生时代曾奋不顾身参加一二·九运动。1937年七七事变后投身于八路军所在的抗日前线，同年加入中国共产党。抗日战争期间，先后任晋察冀军区三分区十大队营教导员、宣传科长，二团政治部主任、政委等职。抗战胜利后，王肃奉命赶赴东北开辟根据地，不幸于1946年6月12日在与匪徒搏斗中牺牲于东北。

1945年9月2日，日本政府正式签订了投降协定。中国人民的抗日战争取得了胜利。9月上旬，根据党中央的指示，晋察冀城工部组织东北籍的干部回东北工作。9月中旬，王肃与陈大凡、徐明、许烈等同志一起，携带着一封朱总司令的信，从河北阜平出发，徒步行军来东北。

到达沈阳后，大家在中共中央东北局机关住下，当时担任东北局书记的彭真同志接见了带队的领导同志。按照组织上关于"先期到达的同志尽快先往北走"的部署，经东北局决定，由这一部分同志组成嫩江省工作委员会（后改名为黑龙江省工作委员会），大家的任务是接收北安地区的伪政权。王肃任黑河军分区司令员、政委，黑河中心县工委书记。

开辟工作的初期，环境艰苦复杂，任务繁重，王肃由于日夜操劳，肺病复发。同志们为他弄到一点食品补养身体，他都送给了伤病员。他经常对同志们讲："当前的困难是暂时的，是黎明前的黑暗，只要我们不脱离群众，天大的困难也能克服。"

1946年6月上旬，黑龙江省工委召开县委书记参加的土地会议，总结前一段时间进行群众工作的经验，讨论贯彻《中共中央关于土地问题的指示》，准备开展清算斗争，满足农民的土地要求。这是黑龙江省开辟工作后的第一次规模较大的会议。王肃接到参加会议的通知后，认真进行了会议的准备工作，带上一个警卫班，乘坐烧木炭的大卡车，去往省城北安。

　　会议开了一周左右。王肃和参加会议的许多干部一样，感到无比兴奋。大家认为，贯彻中央关于土地问题的指示，是我们在东北地区获得广大农民支援，坚持长期战争的力量源泉。他急于回到黑河，尽快把党中央的指示传达下去。省工委领导同志考虑到黑河地区土匪较多，决定派兵护送，王肃执意不让派兵。他只带着来北安时带领的警卫班，分乘运载着省工委下发物资的三辆大卡车返回黑河。汽车途径孙吴时，曾两次遭土匪截击。省工委知此情况后，决定由孙吴派一个连护送。6月12日，当部队把他护送到瑷珲县西岗村时，他担心孙吴县城的安全，便让部队返回孙吴。

　　当汽车行驶到离黑河仅有30公里的松树沟獾子洞屯附近时，突然遭到杨青山一伙土匪截击。王肃和警卫员及刘光烈、江燕、李交通员乘坐的第一辆卡车，准备冲过敌人的埋伏线，后两辆汽车上的战士下车还击敌人。由于土匪的埋伏线很长，王肃等同志乘坐的这辆汽车没有冲过去，轮胎即被打坏，司机负伤，刘光烈、江燕和李交通员相继牺牲。王肃和警卫员边打边退到一间房子里，以房屋为掩体，继续射击。凶残的土匪见攻不上来，就放火点着了房子，已经干透了的草房，顿时火光冲天。土匪趁机喊话、劝降，王肃同志宁死不屈，他鼓励警卫员说："一定要坚持到底，决不向敌人屈服！"他镇静地在浓烟和烈火中向敌人射击。王肃同志已经做好了牺牲的准备，他烧毁了文件，大义凛然地说："我是老八路，是共产党员，你们不怕死的来吧。"继续持枪同敌人战斗。敌人的火力集中到他的身上，王肃同志身中数弹，壮烈牺牲，年仅32岁。

　　黑河人民为王肃同志举行了隆重的追悼大会，把他的遗体安葬在黑河人民公园里，并将他生前领导黑河人民进行党、政、军建设工作的一条主要街道大兴街，命名为"王肃大街"，将他遇难地附近的一座桥命名为"王肃桥"，作为永久的纪念。

中共黑龙江历史纪念馆

# 剿匪英雄杨子荣

杨子荣

杨子荣是一位极富传奇色彩的特级侦察员，小说《林海雪原》和据此改编的电影《智取威虎山》就是以他为原型撰写和拍摄的。其实他活捉"座山雕"的战斗经历比电影中的情节还要精彩。

杨子荣1943年在老家山东牟平参加了抗日民兵武装，1945年来到东北后就参加黑龙江地区剿匪战斗。1947年初，牡丹江地区的大股土匪像谢文东、李华堂、张黑子等都已被消灭，只有一些小股的土匪还在深山密林里藏匿。三代惯匪"座山雕"（又称"五爷"）就是其中之一。"座山雕"真名叫张乐山，从小就跟着祖辈、父辈当土匪，已经在黑道上混了几十年。民主联军对他的匪帮多次搜剿，可就是找不到他的老巢。寻找"座山雕"老巢的艰巨任务就交给了杨子荣。

杨子荣和孙大德等5名同志装扮成东宁土匪吴三虎被打散的部下，在大雪封山的密林里找了好几天，终于在蛤蟆塘一个伐木工人的工棚里见到十几个人。杨子荣用黑话联系后，觉得有个孟把头很嫌疑，就编了一些同民主联军打仗的故事说给他听。姓孟的半信半疑，又领着他们到夹皮沟抢了一回吃的，才相信杨子荣他们真是土匪。原来孟把头是"座山雕"的联络副官，只有他认为来的的确是自己人才会引见给"座山雕"。孟把头把杨子荣等领到另外一个地方等着，给老巢送了信，又派了两个人用黑话盘问杨子荣，都被杨子荣机智地应付过去了。可土匪还不放心，又等了几天，"座山雕"才派人来联系。杨子荣怕夜长梦多，虽然上级只要求摸清匪穴的住址，他还是决定在搞清方位的同时就活捉"座山雕"。这要冒极大的风险，他们只有6人，而土匪多得很，硬拼是不行的。等两个土匪来接头时，杨子荣假装大发脾气，立刻把两个家伙给绑了起来，用黑话抱怨他们太不够意思，差点把我们饿死。两个土匪分辩说，只是想考验考验你们，没别的意思。杨子荣不信，非要面见"五爷"问个究竟，叫他俩赶快带路进山。一路上杨子荣谈笑自若，完全像土匪头目的气派，两个土匪早就深信不疑了。

"座山雕"的老窝有三道卡子，每过一道卡子，杨子荣就让那个两个土匪上前搭话，把三道卡子的枪都给下了。过了第三道卡子，看到一座埋在雪里的大马架房子，"座山雕"和其他一些土匪就在里面。杨子荣带着两个人摸到近前，一脚踢开木门，用枪指住了坐在火炕上的7个土匪。屋里点着马灯和松明子，有一个70多岁的瘦小老头，见有生人来，伸手就要摸枪。杨子荣一步蹿过去踩住了他的手，此人就是恶贯满盈的"座山雕"。

由于土匪人多不好对付，杨子荣仍装作吴三虎的部下，要请"座山雕"带路过铁路到吉林去，又指责"座山雕"太不够朋友，"好歹咱们也是一条道上的，在你们的地盘上，只好委屈张司令带我们走，过了铁道你们就回来；你们让我等了七八天，差点饿死"。杨子荣一口气说了几十分钟。"座山雕"信以为真，又自知理亏，连忙说："误会，误会，自家人，一定送你们过去。"那6个家伙也连声附和。杨子荣让他们带着枪，可土匪们说都信得着，不用带了。

就这样杨子荣等牵着"座山雕"和12个土匪一起离开了匪穴，其他土匪一直蒙在鼓里，眼看着他们走远。天亮后，他们翻过一座山，遇到了二团拉木头的大车和民主联军战士，"座山雕"想躲藏起来，这时杨子荣才拔出枪来，公开身份。"座山雕"这才大梦初醒，唉声叹气地当了俘虏。

1947年2月，杨子荣在清剿惯匪"郑三炮"时，因烤火时枪膛"缓霜"，天气太冷，又冻住了撞针，他在面对敌人开枪射击时匪枪却打不响，被土匪孟老三开枪击中，牺牲在剿匪战斗快要取得全面胜利的前夕。为悼念这位智勇双全的无畏战士，组织授予他"特级侦察英雄"的称号，他所在的侦察排被命名为"杨子荣排"。

中东铁路大罢工时使用的汽笛

中共中央关于土地问题的指示

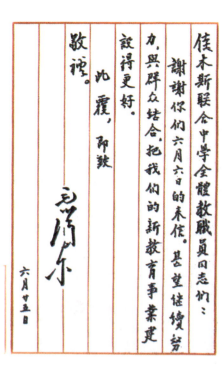

佳木斯联合中学全体教职员同志们：

谢谢你们六月六日的来信。甚望继续努力，与群众结合，把我们的新教育事业建设得更好。

此复，即致

敬礼。

毛泽东

六月廿五日

毛泽东给佳木斯联合中学的复信

1955年北京市青年志愿垦荒队队旗

# 伪满洲国哈尔滨警察厅旧址陈列馆

# 全国重点文物保护单位
## ——伪满洲国哈尔滨警察厅旧址

　　东北烈士纪念馆馆舍大楼是一幢典型欧洲古典主义风格的建筑，乳白色的楼体正面矗立着6根雄伟的科林斯廊柱，整个建筑雄伟壮观。这幢大楼始建于1928年，当时是为设立东省特别区图书馆而设计建造的。历经三年的时间，1931年竣工建成。在其筹备开馆期间，发生了日本军国主义武装占领中国东北的九一八事变，这座建筑的使命也因此发生了改变。1932年2月，日军占领哈尔滨。同年5月，伪哈尔滨市政筹备所占用了这座建筑。此后一年多的时间里，这里成为伪满洲国在哈尔滨实施政治统治的重要机构，主管民政、外交、财政、实业、交通、文教等部门，是日本帝国主义统治中国人民的工具。1933年7月，伪哈尔滨特别市成立，伪哈尔滨市政筹备所迁离此地。9月，伪满洲国哈尔滨警察厅迁入此楼。从此，这里就成为日本侵略者残酷镇压中国人民的罪恶场所和阴森恐怖的杀人魔窟。伪满洲国哈尔滨警察厅成立于1933年3月3日，下辖11个伪警察署、99个派出所、3个警察大队及2个消防署，曾一度成为哈尔滨市伪警察机构的中心。在长达十四年的抗日斗争中，为反抗日本侵略者而被俘的共产党员和爱国志士，在这里受尽酷刑折磨，坚贞不屈，慷慨就义。在这里被关押、折磨致死的爱国志士不计其数。抗日女英雄赵一曼就曾在这里受到残酷刑讯。

　　1946年4月28日，哈尔滨解放。为纪念在东北抗日战争和解放战争中牺牲的革命先烈，中共中央东北局、东北行政委员会、东北军区开始筹建烈士纪念设施。1947年6月，东北行政委员会决定成立"东北抗日暨爱国自卫战争殉难烈士纪念事业筹备委员会"，负责纪念馆和纪念塔的选址、募集经费、史料征集、建筑工程等事宜。东北军区政治部副主任周桓负责纪念馆的选址工作，在踏察走访多处哈尔滨市内建筑后，最后选定在南岗区山街（今一曼街）上的原伪满洲国哈尔滨警察厅旧址作为烈士纪念馆的馆址。1948年10月10日，东北烈士纪念馆正式成立，从此，这里成为人们缅怀先烈、揭露鞭挞日本侵略者罪行、进行爱国主义教育的基地。2013年3月，伪满洲国哈尔滨警察厅旧址被国务院公布为第七批全国重点文物保护单位。

伪满洲国哈尔滨警察厅旧址陈列馆是东北烈士纪念馆的内设馆，展馆依托真实的历史遗存，以大量的调查研究为基础，充分展示伪满洲国哈尔滨警察厅在政治、经济、文化、思想等方面对哈尔滨地区人民的残暴统治，揭露日本侵略者利用伪满机构，在政治上残酷镇压东北人民的反满抗日活动，在经济上不择手段掠夺财物，在文化上妄图控制人们的思想言论自由等法西斯殖民统治罪行。

1930年代的伪满洲国哈尔滨警察厅

伪满洲国哈尔滨警察厅旧址陈列馆

# 伪满洲国哈尔滨警察厅
# 旧址及罪恶展

伪满洲国哈尔滨警察厅旧址及罪恶展介绍的是：1932年2月，日本侵略军占领哈尔滨后，将刚刚竣工、尚待开馆的东省特别区图书馆掠为伪市政筹备所临时办公地。伪满洲国哈尔滨警察厅成立后，1933年9月13日，迁址于东省特别区图书馆。此后十余年间，这里成为哈尔滨地区伪满警察的行政中心之一，刑讯和屠杀我抗日同胞的魔窟。它的触角伸向社会生活的方方面面，成为日本军国主义对东北人民进行残暴殖民统治的野蛮工具。1945年抗战胜利，这里作为日本军国主义残害中国人民的铁证保存下来，以使后人不忘历史，缅怀英烈，为祖国的繁荣昌盛而拼搏奋斗。

本陈列共分为三部分：第一部分　魔网，主要展示日伪军警宪特相勾结而形成的法西斯殖民统治网络；第二部分　罪恶，主要展示伪满洲国哈尔滨警察厅在政治、经济、文化、新闻、宗教等方面的法西斯殖民统治，直接参与或与日伪军警宪特相勾结而制造的镇压反满抗日活动的典型血腥惨案；第三部分　覆灭，主要展示抗战胜利后一些伪满洲国哈尔滨警察厅警察被审判与正法的可耻下场。

伪满洲国哈尔滨警察厅旧址陈列馆依托真实的历史遗存，在伪满洲国哈尔滨警察厅所在地旧址布展，充分开发、利用此建筑的历史文物价值，并结合展示伪满洲国哈尔滨警察厅作为日本法西斯殖民统治工具的罪恶，使观众在浓厚、真实的历史氛围中接受爱国主义教育，取得了良好的社会教育效果。

伪满洲国哈尔滨警察厅刑讯室

前厅

伪满洲国哈尔滨警察厅厅长室

伪满洲国哈尔滨警察厅副厅长室

伪满洲国哈尔滨警察厅特务科

伪满洲国哈尔滨警察厅机要室

伪满洲国哈尔滨警察厅外事科、特务科检阅股

马迭尔宾馆复原景观

日本宪兵队在霁虹桥上巡逻复原场景

日伪统治时期哈尔滨妓院的标志性建筑——围楼复原景观

# 刑讯赵一曼

赵一曼，1905年10月25日出生在四川省宜宾县白花乡伯阳嘴村的一个富庶家庭，原名李坤泰，又名李一超。为了追求自由，她离家求学，1926年考入黄埔军校分校武汉军事政治学校学习，投身大革命的滚滚洪流。

1927年大革命失败后，党派她去苏联莫斯科中山大学深造，期间与同学陈达邦结婚。1928年冬在得知国内急需有革命经验的妇女干部时，已有身孕的赵一曼不顾丈夫的挽留，在党组织的召唤下，毅然只身回到了灾难深重的祖国。

1931年九一八事变后，在上海从事中共地下工作多年的李坤泰，抛家舍子来到东北，在中共北满省委从事工人运动工作。在一次罢工失败后，因身份暴露，她转赴东北抗日第一线珠河游击区搞抗日武装斗争。就在这时她改名赵一曼，曾写下"誓志为人不为家，涉江渡海走天涯。男儿岂是全都好，女子缘何分外差？未惜头颅新故国，甘将热血沃中华。白山黑水除敌寇，笑看旌旗红似花"的豪迈诗句以表心志。

赵一曼（第三排左起第十七人）在黄埔军校分校武汉军事政治学校女生大队学习时合影

伪满洲国哈尔滨警察厅关押赵一曼的牢房复原场景

在珠河抗日游击区，赵一曼的名字成为传奇。日伪报纸就曾有"骑着白马的红装美女手执双枪，狂奔在密林之中"的描述。

1935年秋，日军扫荡珠河游击区，企图消灭赵尚志领导的第三军。11月15日，三军二团50多名战士，在左撇子沟附近遭到敌人围攻，激战从白天持续到傍晚，团政委赵一曼在掩护队伍转移的过程中，左臂受伤。养伤期间，由于特务告密，遭到敌人围攻，赵一曼左腿受重伤，昏倒被俘。

穷凶极恶的敌人对赵一曼威逼利诱，施以各种酷刑，但这一切都无法动摇赵一曼对祖国的忠诚。敌人仍不善罢甘休，怕赵一曼死了得不到口供，于1935年12月13日，把她送到哈尔滨市立医院监视治疗。

1936年4月，赵一曼被转移到单人病房，在这里她有机会与看守和护士单独相处。赵一曼经过对看守董宪勋和护士韩勇义二人的考察，开始向他们宣传抗日救国的道理，讲述敌人的残暴罪行和抗日队伍在山里打击敌人、英勇斗争的故事，这对董宪勋和韩勇义教育启发很大。

5月20日，日寇控制的各大报纸，都刊登了赵一曼被捕的报道和照片。而此时的董宪勋和韩勇义，已经决心帮赵一曼逃出牢笼。

6月28日夜，恰逢天下大雨，因为是星期天，敌人的监视有所放松。董宪勋和韩勇义把赵一曼从医院后门背出来，坐上之前雇来的汽车，然后又换乘一辆马车，奔向游击区。6月30日晨，她们在离游击区只有十多公里的李家屯附近，不幸被日本宪兵追上。赵一曼再次落入敌人魔掌，被关押在伪满洲国哈尔滨警察厅，受尽酷刑，并从这里走向刑场。

1936年8月2日，赵一曼带着对儿子的深情眷念，对祖国的无比热爱，对法西斯侵略者的刻骨仇恨，对人类和平正义的渴望，慷慨赴死，从容就义，年仅31岁。

伪满洲国哈尔滨警察厅旧址陈列馆

# 三肇惨案

伪满洲国哈尔滨警察厅作为日本在哈尔滨地区进行殖民统治的暴力工具之一，残酷镇压东北人民的各种反满抗日活动，罪恶累累，罄竹难书。

1940年末至1941年3月末，驻哈尔滨日本宪兵队、伪满滨江省警务厅、伪满洲国哈尔滨警察厅、伪满第四宪兵团、伪满洲国滨江省高等检察厅和高等法院联合组成所谓的"三肇地区治安肃正工作班"，派出"讨伐队"和特务搜查队，用野蛮残酷的手段，在肇东、肇源、肇州地区进行大检举、大逮捕、大屠杀，使这些地区的抗日组织遭到严重破坏，无辜百姓惨遭杀害，制造了一起恐怖的血腥惨案——三肇惨案。

1940年11月11日到1941年3月，日伪宪特在肇源县城内连续5个月实施大逮捕，破坏了中共地下党组织——龙江工作委员会、三肇地区工作委员会和三肇地区9个抗日救国会。日伪军警在肇州城外一次就集体枪杀了32名抗日志士，然后用汽油焚尸灭迹。

1941年1月9日夜，王化清等19名爱国志士被日伪军警用铁丝捆绑，押上汽车，送往李家围子南面的松花江边。日伪军警抓来住在江边空屋内的两个人，强迫其用冰穿子把取水饮用的冰眼凿大后，先将这两个人推入冰窟中，然后又将王化清等19名爱国志士全部推进冰窟中。为保密其所施暴行，他们将当时路过此地的一位妇女也强行推入冰窟中。

1941年2月14日，抗联第三路军十二支队队长徐泽民在兰西县临江村丁家油坊屯活动时被捕。敌人将徐泽民押到哈尔滨，软硬兼施，企图获得抗日部队与地下抗日组织情报，并作为特务加以利用。徐泽民坚贞不屈，断然拒绝利诱。敌人无计可施，将他判处死刑。为了表达自己高尚的爱国情操和对敌人的蔑视，1941年11月19日（农历十月初一），徐泽民自缢于监狱的牢房中。自缢前，徐泽民在关押自己的牢房门上刻写诗句，记述了自己的经历，表达了为反满抗日、不惜牺牲自己的决心。

在三肇惨案中，日伪当局共逮捕中共地下党员、抗联人员和普通群众320多人，已知的被判各种刑期的抗日志士达175人，未经审判而被刑讯致死者不计其数。

1941年2月17日，《滨江日报》对徐泽民被捕情况的报道

1941年，徐泽民在狱中刻诗的牢门

# 法政大学事件

　　1937年4月15日，伪满洲国哈尔滨警察厅特务科在搜捕中共地下党员时，搜出哈尔滨法政大学同学名录和结义金兰谱，认定为中共地下组织名单，大肆错捕、乱杀，按名单逮捕了法政大学毕业生12人，对其严刑拷打，致使7人被刑讯致死，制造了震惊哈尔滨的法政大学事件。

　　1937年4月15日，日伪宪特对哈尔滨地区的中共地下党组织和爱国群众实施大逮捕。期间，在伪满洲国哈尔滨警察厅特务科科长兼外事科长的指挥下，由林宽重率领日伪警察泉屋利吉、李绍棠、吴树桂、滑宝珊等人将中共哈尔滨市委宣传部长冯策安、交通员艾凤林逮捕，并在冯策安的住所搜出中共秘密文件、宣传小册子和反日传单。

　　冯策安被捕后，在伪满洲国哈尔滨警察厅特务科的严刑逼供下，出卖了他在道里大陆补习学校时的同事、哈尔滨法政大学毕业生、中共党员于维范、刘芳声两人，使于维范和刘芳声遭到特务科逮捕。在逮捕时，从他们的家中搜出了哈尔滨法政大学同学名录和结义金兰谱。林宽重和泉屋利吉认为这两本名录一定是中共地下组织党员名册，按名录又逮捕了法政大学毕业生、哈尔滨《国际协报》编辑、中共党员赵魁，法政大学毕业生、哈尔滨公报社主任兼孔氏医院法律顾问关文明，法政大学毕业生牟子爵，南岗事务所工作人员吴树堂，法政大学俄人教授李文错夫，法政大学毕业生任国安、孙宝惠、董小川，以及与牟子爵有关系的道里同生泰油漆商店经理王伦堂等人。

　　特务科为了镇压中共地下抗日活动，一网打尽他们想象中的中共在哈尔滨法政大学毕业生中的地下组织，宁可错捕错杀，绝不使一个漏网。为此特务科对已逮捕人员严刑逼供，夜以继日，但却收效甚微。因为被捕者中，多数为中共党员，意志坚定，宁死不屈，不吐露真情；而被捕者中的普通群众不知道实际情况，无从谈起，实在被逼无奈就信口胡说，使口供无法一致。在特务科十余日的残酷肉刑之下，刑讯致死达7人。审讯赵魁时，竟将赵魁活活地踢死；关文明也因被日伪警察猛踢小腹而死。对刑讯致死人员，特务科向哈尔滨红十字会要了几口薄皮棺材，偷偷一埋了事。在法政大学事件中，被刑讯致死的有赵魁、于维范、刘芳声、任国安、宋树藩、关文明、牟子爵。

法政大学事件是伪满洲国哈尔滨警察厅特务科一手制造的血案，日伪警察使用卑鄙无耻的法西斯手段，残酷的刑罚，充分表现了其是残暴的法西斯国家机器的反动本质。

伪满洲国哈尔滨警察厅旧址陈列馆

# 哈尔滨口琴社事件

　　哈尔滨口琴社成立于1935年4月，是进步的群众文艺团体，经常演奏进步歌曲，在群众中有很大影响。1935年10月，口琴社应邀到哈尔滨放送局（即广播电台）演播，除演奏一些外国名曲外，还演奏了《战场月》。这是一首描写九一八事变之夜，日本侵略军进攻东北军北大营，对中国军民进行野蛮的烧杀抢掠的大型口琴合奏曲。演出时，考虑到曲名太锋芒显露，便改名为《沈阳月》。同年12月29—31日，他们在巴拉斯电影院（今兆麟电影院）举办了哈尔滨历史上第一次口琴音乐大会。音乐会上演奏了《沈阳月》《乘风破浪》等抗日曲目，受到广大观众的欢迎，连演3天，场场爆满。口琴社的演出活动，引起日伪警察的注意，曾一度停止活动。过了几个月，口琴社队长侯小古等又开始活动。1936年8月，他们又在巴拉斯电影院举行了第二次音乐大会，演奏了聂耳的《大路歌》《开路先锋》等乐曲。演出激怒了统治者，1937年4月18日，伪满洲国哈尔滨警察厅特务科逮捕了侯小古、王家文等12名口琴社成员，严刑逼供，制造了在文艺界镇压反满抗日活动的哈尔滨口琴社事件。

　　口琴社队长侯小古在狱中惨遭各种刑讯，坚贞不屈，最后被

口琴社在巴拉斯电影院演出时张贴的海报

判死刑。1937年7月26日，侯小古被敌人枪杀于哈尔滨市太平桥圈河，时年24岁。口琴社成员唐嘉伟在狱中被刑讯致残，后同王家文一起被伪满洲国哈尔滨警察厅以中共地下工作者的名义，送伪满洲国哈尔滨检察厅判处5年徒刑。其他被释放的人被伪警察特务定为"要视察人"，经常被伪警察明讯、暗察、跟踪、盯梢，丝毫没有生命保障和行动自由。

侯小古

# 伪满洲国哈尔滨警察厅刑讯室

伪满洲国哈尔滨警察厅的刑讯室就是一座人间地狱。在这里，伪满警察搜肠刮肚地想尽一切办法摧残人的肉体，折磨人的精神，被称为"新刑罚""活阎王"。灭绝人性的刑具种类繁多。他们把那些伤人、置人于死地的残酷刑罚归纳起来，称为"金木水火土"。

所谓"金刑"，是指使用金属材料的刑具。如用钉子板击打裸露的身体；用钢笔尖、大号钢针、铁锥子等扎入手指甲内；用战刀背部砍打受刑者颈部；将受刑者绑在椅子上或木柱上，连上电线，接受电刑等。代表刑具是铁笼。刑讯时，将受刑者装入笼内，不断转动铁笼，铁笼内一排排的铁刺很快将受刑者扎得血肉模糊，惨不忍睹。

"木刑"是以木质刑具对受刑者进行刑罚。如用木棒击打；在十指间夹上铅笔或铁条，用力握其双手等。代表刑具是大挂和老虎凳。上大挂时，用绳子将受刑者双腕或两个大拇指拴住，吊至高处，再用其他刑具拷打。所谓坐老虎凳，就是将受刑者四肢分开，绑在"大"字形的刑具上，然后将其四肢不断垫高，直至筋断骨折。

使用与水有关的刑具，谓之"水刑"。最常用的是灌凉水，有时掺入辣椒水、汽油或煤油，此刑十分残酷，常呛坏受刑者肺部，使人伤残；或将受刑者双脚捆住，倒悬高处，使其头部浸在盛满水的容器内，呛水昏迷或死亡。

"火刑"是用烙、烫、烧等手段摧残人体。如用烟头、香火或烧红的铁条、烙铁等烙烧受刑者的身体；或以蜡烛烧烤受刑者肉体、毛发等。

凡刑罚手段与土有关者被称为"土刑"。如强迫受刑者跪在破碎的碗碴或玻璃碎片上；将受刑者捆住手脚，塞入麻袋，握紧袋口，再由用刑人抓住麻袋四角，高高抛起，使其重重摔于地下；挖一大坑，使受刑者立于坑内，埋土至其颈部，使其窒息而亡。

刑讯室旁边是死刑室。对于坚贞不屈的爱国志士或已无利用价值的叛徒，有时会在这里将他们绞死，然后通过地面的翻板装置将尸体落入地下室，用绞肉机将尸体绞碎，顺下水道流入松花江。

刑讯室有一道铁门连接地下室的水牢。受刑后坚贞不屈者有时被投进水牢，继续进行折磨。

1934年6月18日，中共地下党员罗烽因叛徒出卖而被日本领事馆逮捕，后在伪满洲国哈尔滨警察厅受尽酷刑折磨，坚贞不屈，拒不招认。

1936年6月28日，抗日民族英雄赵一曼从监视治疗的医院逃出，又被伪满洲国哈尔滨警察厅南岗警察署捕回后，被关押在伪满洲国哈尔滨警察厅。她在这里受尽各种酷刑折磨，始终坚贞不屈，大义凛然。帮助赵一曼逃走的伪警察董宪勋和护士韩勇义也在这里受尽酷刑。董宪勋因受重刑，死于狱中，时年27岁；韩勇义因酷刑折磨，先后得了肺病、肋膜炎、肺结核、肠结核等疾病，年仅29岁就离开了人世。

1937年，中共哈尔滨特委事件中被捕的韩守魁、冯策安、艾凤林、张宗伟等人在这里遭严刑拷打，张宗伟坚贞不屈，被判死刑。

1937年哈尔滨法政大学事件中被捕的于维范被火刑烧伤，感染致死；赵魁、关文明被活活踢死；哈尔滨口琴社事件中被捕的12人，都曾在这里遭受严刑拷打，唐嘉伟被刑讯致残；侯小古受刑最重，但坚贞不屈，被判死刑。

1941年哈尔滨左翼文学事件中，关沫南、王光逖等10人被捕，刘鸿去、温成钧因重刑折磨致死，其他人遭酷刑折磨后，被判不同徒刑。

以上仅仅是我们知道姓名的受害者中的一部分，还有很多没有留下姓名和照片的反满抗日志士，面对酷刑与凶残的敌人，谱写了一首首可歌可泣的悲壮诗篇。此外在国民党三省党部案中被捕的部分人员，在日伪强行低价购买秋林洋行中被抓捕的洋行高级职员与家属等，也都曾在这里遭受种种非人的折磨。

可以说，"伪满洲国哈尔滨警察厅"这一历史旧址，既是伪满警察凶残、暴虐、兽性的历史见证，也是广大爱国志士大义凛然、威武不屈、慷慨悲壮的历史丰碑。

# 大北新报画刊

《大北新报画刊》为
1948年金剑啸家属捐赠给东
北烈士纪念馆。画刊由东北
革命文艺先驱者之一，中共
地下党员金剑啸主编。

金剑啸，满族，原名金
承栽，笔名剑啸、巴来等，
1910年生于沈阳市。他既是
画家，又是作家、诗人和戏

1936年出版的《大北新报画刊》

剧编导。1931年春加入中国共产党，并参加上海左翼美术家联盟和戏剧家
联盟组织的革命活动。"九一八"前夕被党组织派回哈尔滨，后任中共哈
尔滨西区(道里)区委宣传委员，积极进行抗日宣传工作。参与编辑中共满
洲省委机关刊物《满洲红旗》和各种宣传品，画插图、宣传画，是党内出
色的画家。他还与白朗、萧军、萧红、舒群等组织星星剧团，排练演出进
步话剧。他又通过朋友关系，利用伪满洲国中央政府机关报《大同报》的
副刊，发表一些具有革命思想的小说、诗歌和剧本。1935年他去齐齐哈尔
市，担任《黑龙江民报》副刊的编辑，并发表了歌颂东北抗日游击队的长
诗《兴安岭的风雪》。后因组织白光剧团，公开演出进步话剧，引起日伪
警特注意，乃于1936年1月离开齐市，又潜回哈尔滨。

不久，他探听到日本人山本久治办的中文版《大北新报》附属刊物
《大北新报画刊》，因承办人孙惠菊办得不景气，暂时停刊，想找人支
持。金剑啸就和他的原领导人——中共满洲省委宣传部干事姜椿芳商量，
决定接过继续办，占据这个宣传阵地。他们找了几位朋友集资入股，凑

了200元钱，买通原主持人孙惠菊，把主编权租了过来，主编由金剑啸担任，中共地下党员姜椿芳、任震英和侯小古等参加采编。

金剑啸在道里商市街43号(今红霞街45号，原房已拆除改建)租了一间屋子，做画刊编辑部和发行部。经过一段紧张的筹备，新的《大北新报画刊》于1936年4月20日出版了，版式为16开4页或6页一本的活页彩色版，五日刊。

画刊被金剑啸掌握过来后，利用日本人主办、内容不受警特机关审查的有利条件，以大量诗、文、照片、漫画等各种作品，曲折迂回地对日伪统治进行揭露、讽刺，还不时地刊登红军长征和东北抗联活动的消息。

1936年6月9日晚，金剑啸接到苏联著名作家高尔基病重的消息，用引人注目的标题登载了《高尔基突然病危》的报道，同时在该面上部刊登了正巧已经制好的铜版——中国留学生在日本东京公演高尔基剧作《夜店》时全体演员的剧照，表示对高尔基的深切敬重。6月10日画刊出版后，引起敌人的注意，日本社长山本怀疑画刊编辑部里有共产党。

此时日伪统治当局，正在秘密策划对北满共产党和抗日群众进行大逮捕，于6月13日各地警、宪、特机关统一行动。6月11日晚，齐齐哈尔宪兵队给哈尔滨宪兵队发来电报，通知他们逮捕潜伏在哈尔滨的金剑啸。6月13日下午，日本驻哈尔滨总领事馆高等系的便衣特务逮捕了金剑啸，封闭了画刊编辑部。金剑啸在哈尔滨被审讯一周后，被押送到齐齐哈尔，与黑龙江民报社被捕人员作一案审讯。他受尽各种酷刑，始终坚贞不屈，没有暴露党的关系，保护了同志，充分表现了共产党人的高尚气节。同年8月15日，金剑啸在齐齐哈尔市北门外刑场从容就义，时年仅26岁。

金剑啸主编的《大北新报画刊》，从出版到被查封，总共只出了11期。金剑啸就义后，他的家人冒着生命危险，把这11期画刊藏匿起来，解放后献给东北烈士纪念馆。由于时间太久，现在画刊纸页已氧化变脆，有些残破不全。但此11期画刊，在社会上早已散失殆尽，无处找到，只有东北烈士纪念馆收藏有唯一一套，弥足珍贵，成为重要的革命文物。

伪满洲国哈尔滨警察厅旧址陈列馆

169

# 公众服务

# 流动展览小分队

为了广泛宣传烈士事迹，东北烈士纪念馆于1977年1月18日组建了烈士事迹流动展览小分队。小分队经常背着折叠式展板深入到工厂、农村、学校、部队、林区和边防哨卡，主动把烈士事迹展览送上门，热情地为群众服务，收到了很好的教育效果。据不完全统计，小分队足迹遍布21个省，百余个市、县，总行程3.5万公里，累计做烈士事迹报告4800余场，接待观众达735万人次。

长期以来，小分队以常年宣传烈士事迹、踏踏实实为基层服务的精神，赢得了广大群众的赞誉，先后受到中国人民解放军总政治部、文化部、民政部、国家文物局，黑龙江省委、省政府和省妇联等单位的表彰、嘉奖，被誉为"文博战线上的乌兰牧骑""文博战线上的轻骑兵"，曾荣

国家文物局原局长孙轶青为流动展览小分队题词

获"双拥先进集体""全国文物博物馆系统先进集体""社会主义精神文明建设先进集体""三八红旗先进集体""中小学生德育工作先进集体""青年突击手"等荣誉称号，先后两次受邀进京"传经送宝"。

1977年11月18日，东北烈士纪念馆馆长杨守沫率流动展览小分队首次进京汇报演出

1980年代，流动展览小分队在汤原县莲江口公社为社员们讲解

1986年6月3日，黑龙江省委、省政府召开表彰大会，授予流动展览小分队"精神文明建设先进集体"称号

1980年代，流动展览小分队在宁安县弯沟大队为观众演唱抗联歌曲

观众聆听烈士事迹讲解时的场景

观众神情专注倾听烈士事迹报告

1982年8月18日，国家文物局局长孙轶青到东北烈士纪念馆观看流动展览小分队展出并题词

　　至今已拥有近40年光荣传统的东北烈士纪念馆流动展览小分队，已不仅是一个称谓，更是一种传承，一种使命。2014年5月18日，在流动展览小分队授旗仪式上，年轻的队员从老一代队员手中接过队旗，这意味着接过一份沉甸甸的责任，完成流动展览小分队新老队员的更替。随即新队员以"新定位、新内容、新形式、新风采"为基调，到各行业基层单位开展烈士事迹宣讲工作。结合党的群众路线教育实践活动，2014年小分队先后深入部队、学校、社区等67家基层单位开展志愿宣讲工作，尤其将展览送进养老院、希望小学等一些无法走进纪念馆参观的社会群体之中，受益观众达20余万人。结合"三严三实"专题教育活动，2015年流动展览小分队先后将烈士事迹展览送到哈尔滨第四十六中学、文政社区、黑龙江生态工程职业学院、黑龙江省公安厅警卫局等73家单位，观众人数达24万人，巡展和报告深受社会各界群众欢迎。

　　作为全省"两学一做"学习教育现场教育基地，2016年100余家单位预约东北烈士纪念馆流动展览和宣讲报告，小分队携带数字化展示设备将《东北抗日联军著名英烈事迹展》《民族脊梁——杨靖宇》《忠诚战士，

东北烈士纪念馆流动展览小分队授旗仪式

伟大母亲——赵一曼》《共产党员的楷模——焦裕禄》等流动展览和报告送到哈尔滨市委党校、霓虹桥社区中心、武警黑龙江省总队以及黑龙江省东部同江市、抚远市、虎头镇、密山市等地边防部队、哨所等单位。流动展览和宣讲报告作为"两学一做"学习教育服务项目推出后，深受各行业、各单位、各部门欢迎，取得良好社会反响。

　　流动巡展是丰富民众文化的重要载体，是构建社会主义核心价值观的有效方式，广大群众通过观看英烈事迹流动展览并聆听英烈事迹和优秀党员事迹报告受益匪浅，真正融入东北烈士纪念馆巡展活动之中。流动展览小分队深入社会基层巡展、宣讲，让民众铭记历史、缅怀先烈、珍爱和平、开创未来，这是使命、义务与担当。东北烈士纪念馆流动展览小分队将继续秉承并升华爱国主义教育示范基地作用，丰富民众文化生活，激励青年一代为国富民强贡献智慧和力量，为实现"两个一百年"奋斗目标和中华民族伟大复兴的中国梦而不懈奋斗。

1998年9月，流动展览小分队将展览送到抗洪大堤上

2014年5月，流动展览小分队深入黑龙江省军区第三干休所宣讲《博物馆与记忆》专题展

2014年6月，流动展览小分队在东北农业大学巡展

2014年7月，流动展览小分队为宣庆社区居民讲解

1992年，东北烈士纪念馆讲解员荣获全国首届讲解比赛个人一等奖第一名

2001年，东北烈士纪念馆宣讲团队荣获黑龙江省第三届讲解大赛团体一等奖

2004年，东北烈士纪念馆宣讲团队荣获黑龙江省第四届讲解大赛团体一等奖

多年来，东北烈士纪念馆培养了几代热爱烈士事迹宣传工作的讲解人员，在全国讲解员比赛中，三次荣膺冠军。他们事业心强、基本功扎实、努力进取，愿意为烈士事迹宣传工作奉献青春，本着"讲烈士、学烈士，教育人者首先受教育"的精神，克服了许多困难，坚持开展流动展览工作，相继成为小分队的骨干成员。2016年，在东北烈士纪念馆由36名讲解员组成的讲解团队中，流动展览小分队成员为23人，均为35岁以下的青年骨干，占本馆讲

2004年，东北烈士纪念馆宣讲团队荣获全国讲解大赛团体二等奖

解人员总人数比重63.89%。小分队成员均一专多能、多才多艺。在为公众服务的岗位上，充分践行"爱岗敬业、诚信创新、服务群众、奉献社会"的宗旨，在良好的工作作风带动下，小分队于2015年3月8日获得黑龙江省直属机关委员会授予的"五一巾帼集体"荣誉称号；2016年3月被黑龙江省总工会、黑龙江省妇女联合会评为"黑龙江省五一巾帼建功先进集体"。

# 主题活动

作为国家级抗战纪念设施、全国爱国主义教育示范基地，每逢重大历史时间节点和清明节、国际博物馆日、文化遗产日、建党日、建军节、抗战胜利纪念日、烈士纪念日、烈士殉国日和烈士诞辰日等重要节日，东北烈士纪念馆均配合党和国家的工作重点，通过独立主办或与其他部门和社会团体联合主办、承办的方式，适时推出丰富多彩的爱国主义主题教育活动，为文博单位创新公众教育形式、开展文化惠民活动、探索资源共享与合作平台发挥积极作用。

近年，结合"纪念中国人民抗日战争暨世界反法西斯战争胜利70周年""纪念中国工农红军长征胜利80周年""纪念中国共产党成立95周年"等宏大主题，东北烈士纪念馆相继开展了"清明时节——名家书画笔会""庆'七一' 七月抒怀——名家书画展暨黑土英烈颂——创作散文诗词朗诵会""纪念抗日民族女英雄赵一曼烈士殉国80周年系列活动""松花江上——大型抗日歌曲演唱会""永远的颂歌——联合文艺演出""重走抗联路 丹青颂英烈——纪念红军长征胜利80周年书画创作采风活动""鲜花敬献英烈 铭记不忘初心——烈士纪念日主题纪念活动""伟大长征 辉煌史诗——大型诗歌朗诵会""纪念孙中山先生诞辰150周年系列活动"等一系列主题活动，开启了"纪念活动+专题文艺演出"的全新模式，分别以诗歌、舞蹈、音乐、书画等各类高雅艺术形式重塑经典，面向社会宣传东北地区革命历史、先烈事迹，为继承和发扬先烈精神、学习英雄模范，激励广大党员干部和人民群众不忘初心、爱岗敬业提供了巨大的精神动力。

2014年9月3日，东北烈士纪念馆举行"松花江上——大型抗日歌曲演唱会"纪念中国人民抗日战争胜利69周年

2015年9月2日，东北烈士纪念馆举行"松花江上——大型抗日歌曲演唱会"纪念中国人民抗日战争胜利70周年

2016年4月4日，由黑龙江省文化厅主办，东北烈士纪念馆、黑龙江省书法家协会承办的"清明时节——名家书画笔会"在东北烈士纪念馆举行

2016年6月28日，为庆祝中国共产党成立95周年，由黑龙江省文化厅主办，东北烈士纪念馆、黑龙江省作家协会散文诗学会、黑龙江省书法家协会共同承办的"庆'七一'七月抒怀——名家书画展暨黑土英烈颂——创作散文诗词朗诵会"在东北烈士纪念馆报告厅举行

2016年8月2日，"缅怀一曼　不忘初心　弘扬抗联精神"文艺演出在东北抗联博物馆报告厅举行

　　2016年9月2日，为隆重纪念中国人民抗日战争暨世界反法西斯战争胜利71周年和中国工农红军长征胜利80周年，深化"两学一做"学习教育，由黑龙江省文化厅主办，东北烈士纪念馆、黑龙江省龙江剧艺术中心、黑龙江省民族博物馆承办的"永远的颂歌——联合文艺演出"在东北抗联博物馆报告厅举行

　　2016年9月30日，烈士纪念日敬献花篮仪式在东北烈士纪念馆举行。黑龙江省文化厅机关全体党员干部、东北烈士纪念馆全体职工、黑龙江省公安警卫部队官兵等各界人士在东北烈士纪念馆齐聚，共同缅怀为中华民族独立和解放事业英勇献身的烈士，追忆先烈的丰功伟绩，表达心中的崇高敬意与无限哀思

　　2016年10月28日，为纪念中国工农红军长征胜利80周年，由东北烈士纪念馆、哈尔滨市作家协会主办，哈尔滨市作家协会朗诵团、哈尔滨市知青朗诵艺术团承办，世界女性和平团体哈尔滨支部协办的"伟大长征 辉煌史诗——大型诗歌朗诵会"在东北抗联博物馆报告厅举行

　　2016年11月8日，为纪念孙中山诞辰150周年，由黑龙江省文化厅和民革黑龙江省委主办，中共黑龙江历史纪念馆、广东革命历史博物馆、民革中央孙中山研究会黑龙江分会、黑龙江省中山画院承办的"纪念孙中山先生诞辰150周年"系列活动在中共黑龙江历史纪念馆举行。图为《公为天下——孙中山的凛然人生》专题展览开幕式

孙中山与中华民族复兴论坛

纪念孙中山先生诞辰150周年书画展

# 专题展览

为充分发挥全国爱国主义教育示范基地作用，东北烈士纪念馆在基本陈列的基础上，长期配合时势与爱国主义教育的现实需要，通过原创展览、引进展览、合作办展等方式，推出400余项专题展览。其中：

原创展览包括：《伪满洲国哈尔滨警察厅历史展》《邓小平大型图片展》《劫难与辉煌——大型特展》《黑龙江省全民国防教育综合展》《阳光下的罪恶——侵华日军化学战罪行展》《纪念中国工农红军长征胜利60周年老红军暨名人书画展》《安重根志士展》《爱国先驱王希天》《百年香港祖国情——大型图片展》《近代东北反帝反封建志士陈列》《黑龙江考古千里行展》《黑龙江省抗洪文物展》《平凡而辉煌——邵云环烈士生平事迹展》《辉煌50年——中华人民共和国历史图片展》《红旗　热血黑土——纪念中国共产党建党80周年展》《馆藏题词绘画精品展》《勿忘国耻展》《爱国防，兴龙江——大型兵器模型展》《黑龙江民间艺术展》《黑龙江省百年音乐展》《光辉的誓言——保持共产党员先进性展览》《不屈的抗争——东北十四年抗战史实展》《共同的胜利——纪念中国人民抗日战争暨世界反法西斯战争胜利70周年东北抗战专题展》《英雄的城市——纪念哈尔滨解放70周年专题展》《血肉筑长城——东北著名抗日英烈及英雄群体展》等。

引进展览包括：《青春期教育展》《东方巨人毛泽东——大型临展》《重庆"中美合作所集中营"史实展》《性从愚昧到文明专题展》《群英结党救中华展》《毛泽东遗物展》《校园警示录》《雷锋精神永恒展》《党风楷模——周恩来展》《爱我中华——国旗、国徽、国歌展》《战争与少年——卫国战争数字图片展》《足迹——1954—1956焦裕禄在东北》《忠诚——"三严三实"的好干部孔繁森》《平顶山惨案》《永恒的怀念——王杰烈士事迹展》《永远的铁人——王进喜生平业绩展览》《鲁迅的读书生活》《北国枪城·塞北延安——红色主题巡回展》《中国共产党光辉历程图》《伟大长征　辉煌史诗——纪念中国工农红军长征胜利80周年专题展览》《公为天下——孙中山的凛然人生》等。

合作办展包括：《纪念孙中山先生诞辰120周年图片书画展览》《祖国在我心中专题展》《火的启示专题展》《李兆麟殉国45周年专题展》《共和国元帅光辉业绩展》《关东抗日英烈珍闻展》《澳门的历史与发展》《走向辉煌——黑龙江省司法行政机关恢复组建二十年回顾展》《牢记历史　强我国防　振兴龙江》《警钟长鸣——窃密泄密案例展》《光辉的历程——黑龙江省纪念中国共产党成立80周年革命文物暨图片展》《反对邪教　崇尚文明》《龙江风采——摄影作品展》《黑土地上的抗战——黑龙江抗战历史图片展》《纪念孙中山诞辰150周年书画展》等。

2016年3月9日，《永远的铁人——王进喜生平业绩展览》面向社会开放

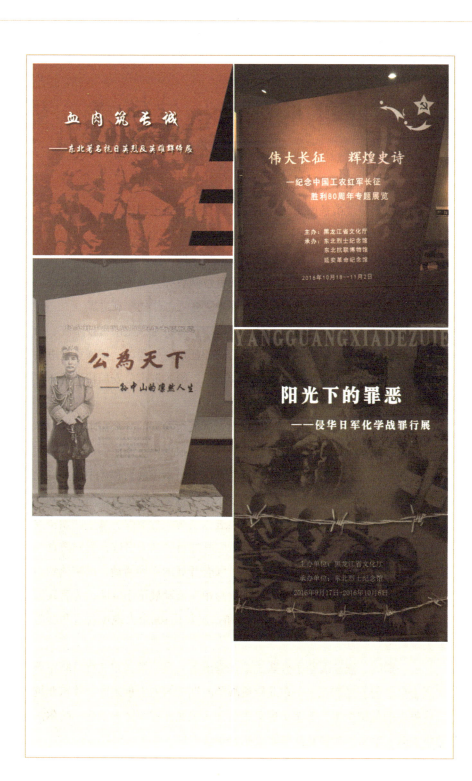

# 军警民共建

东北烈士纪念馆是黑龙江省军警民共建共育先进集体，长期以来一直将爱国主义教育和军警民共建工作放在各项工作中的突出位置。曾先后与黑龙江省公安厅警卫局、某军区预备役高炮三团、哈尔滨市公安局特警巡防支队、哈尔滨警察干部管理学校、武警总队教导大队等军警单位建立了共建关系，坚持定期组织共建活动，促进了各项工作的顺利进展。

为把军警民共建工作落到实处，曾由馆长带队赴黑龙江科技学院、哈尔滨市警察干部管理学校等共建单位走访，征求意见建议，把展览送进共建单位巡回展出，为黑龙江省公安厅警卫局、哈尔滨市公安局特警巡防支队的干警、官兵做报告。

为了最大限度地满足那些没有时间走进展馆参观的群众需求，2013年东北烈士纪念馆领导班子经过认真调研，决定根据现有条件，选择具有代表性和感染力的素材，制作《东北抗联革命烈士事迹展》和《中国共产党在黑龙江》两个流动展览。率先进入哈尔滨市特警支队进行巡展，收到极好的社会效果。随后，流动展览又陆续进入空军飞行学院、某军区预备役高炮三团等单位，让广大官兵在军营就能耳濡目染烈士事迹，受到教育。

近年，东北烈士纪念馆与共建单位联合开展的系列活动，反响热烈。武警哈尔滨森林支队邀请"东北烈士纪念馆"流动展览小分队，为官兵们讲解抗日烈士的感人事迹，机关干部和基层官兵300余人现场观看和聆听了英雄事迹。

七一期间，流动展览小分队选派优秀讲解人员，携《东北抗日联军著名烈士事迹展》《基石——东北解放战争时期著名烈士事迹展》《东北抗日斗争中的英雄少年》等多个展览先后深入黑龙江省军区警卫连、哈尔滨消防支队、哈尔滨武警总队等多家军警单位巡展。

在中国人民解放军建军87周年之际，流动展览小分队首次将《黑土英魂——东北抗日联军著名烈士事迹展》带到黑龙江省呼兰监狱。监狱狱警和400余名服刑人员聆听了烈士事迹，使服刑人员近距离接受了一次革命传统教育洗礼。

在中国人民抗日战争胜利69周年之际，东北烈士纪念馆邀请哈尔滨特警支队官兵参与松花江上——大型抗日歌曲演唱会，并于当日推出《抗日回眸——东北抗联著名英烈事迹展》。

在首个烈士纪念日期间举办"追思英烈　凝聚力量"主题纪念活动。黑龙江省公安厅警卫局派出6名仪仗队官兵参与烈士公祭仪式。在纪念仪式上，警卫局官兵代表做了发言。官兵代表的发言，表达了深切缅怀革命先烈、继承优良传统、忠实履行使命、争当忠诚卫士的坚定决心。

在纪念中国人民抗日战争暨世界人民反法西斯战争胜利70周年之际，东北烈士纪念馆与黑龙江省公安厅警卫局举行警民共建签约仪式和警民共建共育基地揭牌仪式。通过与东北烈士纪念馆联合举办主题活动，学习、聆听烈士事迹，为强化部队官兵们的理论武装起到推动作用。同年，东北烈士纪念馆在国际博物馆日推出专题展览《黑土地上抗战——黑龙江抗战历史图片展》，并将展览送至某军区预备役高炮三团巡展。展览受到部队领导和官兵一致好评，随后被推荐到军区师级单位展出。结合"三严三实"专题教育活动，馆领导带队到黑龙江省公安厅警卫局为300余名官兵开展烈士事迹流动巡展和烈士事迹报告会，使官兵们受到深刻的党性教育。

2016年，东北烈士纪念馆作为全省"两学一做"学习教育现场教育基地，将流动展览和专题报告送进黑龙江省军区和东部地区边防部队之中。

根据预约情况，7月，烈士事迹宣讲报告团赶赴黑龙江省武警总队开启首场"两学一做"学习教育宣讲报告，在不断丰富宣讲报告内容的前提下，通过现场报告配以电视电话会议的形式，为全省近万名武警战士开展烈士事迹宣讲。

8月，流动展览小分队携《东北抗日联军著名英烈事迹展》，宣讲报告团携《民族脊梁——杨靖宇》《忠诚战士，伟大母亲——赵一曼》《共产党员的楷模——焦裕禄》赶赴同江、抚远、虎头、密山等地边防哨所，为边防战士举行流动巡展和宣讲报告。此行也是东北烈士纪念馆自成为"两学一做"学习教育现场教育基地以来，馆领导带队首次赴市（地）、县宣讲、巡展，激发了宣教人员的工作热情，同时也在边防哨所中取得良好教育效果，战士们纷纷表示通过英烈事迹创新式学习，使自己的理想信念更加坚定，争做总书记提出的"四有"新一代革命军人的目标更加清晰，要以此次活动为契机，努力学习，不忘初心，继续前进。

东北烈士纪念馆与共建单位积极组织开展军警民共建活动，在共建过程中相互学习，共同促进，取长补短，既大力弘扬了爱国主义精神，又促进了东北烈士纪念馆职工道德素质的提升和纪念馆事业的发展。

流动展览小分队队员为某部队官兵讲解东北烈士事迹

流动展览小分队为官兵讲解

武警哈尔滨市森林支队为东北烈士纪念馆流动展览小分队授旗

2016年7月22日，某军区预备役高炮三团军官在东北抗联博物馆举行入队宣誓仪式

2016年7月22日，东北烈士纪念馆宣讲报告团为黑龙江省武警总队8700余名武警战士开展宣讲报告会，报告题目为《黑土英魂——践行"两学一做"，争做合格党员英烈事迹报告会》

2016年8月18日，东北烈士纪念馆馆长刘春杰率宣讲报告团、流动展览小分队等一行六人，赶赴同江市为当地哨所官兵送去《民族脊梁——杨靖宇》《共产党员的楷模——焦裕禄》等宣讲报告

2016年8月20日，东北烈士纪念馆流动展览小分队将东北著名抗日英烈事迹展送进素有"中国东方第一哨"之称的乌苏镇哨所

# 志愿者服务

　　自20世纪90年代中国志愿者协会成立以来，我国志愿者服务事业迅猛发展。尤其近年，越来越多的志愿者走进博物馆纪念馆，成为文博战线上宣传教育、服务公众的一支年轻生力军。东北烈士纪念馆长期开展志愿者义务讲解员服务培训工作，培养了大批学生义务讲解员，同时定期举办"小小讲解员培训班"。大、中、小学校学生志愿者经过纪念馆专业人员的培训，在周六周日固定时段入馆进行免费义务讲解，既满足了观众的讲解需求，又锻炼了学生们的语言表达能力、沟通协调能力，成为东北烈士纪念馆进一步拓展公众教育职能，提升青少年综合素质教育的一项重要举措。东北烈士纪念馆现已形成一支以学生志愿者为主、社会各界志愿者为辅，有组织有规模的志愿者服务队伍。截至目前，志愿者来馆服务次数累计达到3.5万余人次。

　　东北烈士纪念馆的志愿者，主要以场馆讲解为服务内容，他们已经成为专职讲解队伍的有力补充，并为其注入新的活力，能够更好推动纪念馆发挥褒扬烈士、教育后人作用。大批志愿者在周末或节假日时间来馆内服务。他们统一佩戴中国志愿者标识，微笑服务，向观众介绍参观须知，规范部分观众的参观行为，许多志愿者已经在馆内服务数年之久。特别是黑龙江科技大学的青年志愿者，自21世纪初就已到馆开展志愿者服务活动，无论寒暑或节假日，他们不顾路途遥远，风雪无阻，坚持来馆服务，展现出良好的职业道德品质。近年，东北农业大学青年志愿者、哈尔滨工业大学志愿者、黑龙江大学志愿者、哈尔滨理工大学志愿者也加入到东北烈士纪念馆志愿服务工作之中，随流动展览小分队到各地宣讲，为群众提供优质服务。

　　对于志愿者自身而言，参与志愿服务是接受再教育的过程，既丰富了知识和生活阅历，又增强了社会责任感，培养了社会实践能力，更重要的是在革命烈士优秀品格和革命传统文化的长期熏陶下，志愿者自身的思想素质、道德水平得到提高，精神境界得到升华。此外，志愿者以"弘扬烈士精神，传承优秀文化"为使命，继承和发扬了中华民族传统美德，树立了时代新风正气，为推动社会主义核心价值体系建设做出了积极贡献。

2015年5月18日，青年志愿者协会志愿者在东北烈士纪念馆为观众讲解

2015年9月13日，东北烈士纪念馆讲解员培训东北农业大学志愿者

2015年8月1日，全国道德主题教育组织委员会哈尔滨志愿者服务团在东北抗联博物馆面向社会开放之际，来馆服务。图为全体志愿者合影

公众服务

# 讲解员培训

  博物馆、纪念馆讲解工作是以陈列为基础，运用有声语言和其他辅助表达方式，将知识传递给观众的一种社会活动；是与社会联系和沟通的桥梁纽带。讲解服务的质量和水平直接影响观众受教育的程度和参观质量，影响博物馆、纪念馆的窗口形象，甚至影响一个地区的经济、文化、教育的发展水平。因此，选拔和培养讲解员，在博物馆、纪念馆公众教育事业中起着至关重要的作用。

  2016年，经黑龙江省文化厅批准，黑龙江省博物馆纪念馆讲解员培训基地在东北烈士纪念馆成立。11月22日，"黑龙江省博物馆纪念馆讲解员培训基地"揭牌暨首期培训班开班仪式在东北烈士纪念馆报告厅举行。黑龙江省文化厅党组成员、副厅长马军，博物馆与社会文物处负责人，培训基地负责同志和首批培训班学员等100余人参加仪式。

  近年来，随着黑龙江省博物馆纪念馆质量的不断提升，公众教育服务的作用和地位逐渐凸显。为进一步加强博物馆纪念馆社会教育能力，适应新形势下博物馆纪念馆教育工作的新要求、新趋势，强化全省博物馆纪念馆教育及讲解理念，提高讲解员的综合素质，发挥文博阵地宣传教育作用，推动黑龙江省博物馆纪念馆讲解工作向着规范化、专业化方向发展，黑龙江省文化厅利用黑龙江省博物馆纪念馆讲解员培训基地面向全省讲解员定期举办讲解培训工作，首期培训共有黑龙江省各地31家博物馆、纪念馆单位的56名讲解员参加。

  培训基地为给学员提供更优质服务，不断加强硬件、软件设施建设。在硬件设施建设方面，全新布置培训场地，开辟阶梯教室、形体室、训练室等多个场地，适应不同技能的培训需求；在软件设施建设方面，精心布置培训课程，还根据讲解员培训内容的需要，从各相关行业邀请数位资深专家对学员进行辅导。培训结束后，培训基地为每位学员颁发培训证书。通过科学系统的讲解员培训，使学员讲解水平和综合能力得到较大幅度的提升，推动全省博物馆纪念馆行业的讲解水平和综合实力实现跨越式发展。

2016年11月，黑龙江省博物馆纪念馆讲解员培训基地在东北烈士纪念馆成立

学员心得体会

学员培训证书

黑龙江省博物馆纪念馆讲解员培训基地揭牌仪式

黑龙江省博物馆纪念馆讲解员培训基地第一期培训班师生合影

东北烈士纪念馆副馆长王东在为学员传授情感表达技巧

东北烈士纪念馆副馆长于文生在为学员讲授《博物馆知识和讲解员职业道德》课程

黑龙江电视台著名主持人于硕在给学员讲解普通话知识

东北烈士纪念馆宣教部负责人郑文晶为学员讲授发音要领

东北烈士纪念馆副馆长于文生（左五）为学员颁发结业证书

公众服务

# 文物掠影

# 文物征集保护

东北烈士纪念馆收藏有丰富的东北近现代文物，其中以东北抗日战争时期、东北解放战争时期文物、史料为主。藏品包括反映东北抗联军事斗争、密营生活、文化学习、群众支援等历史情况的实物资料；反映侵华日军的罪证实物；反映苏联红军出兵东北的文物和珍贵影像资料等。

近年来，东北烈士纪念馆不断拓展文物征集渠道，以抗联老同志及其后代为主要征集对象，以实地踏察发掘和其他社会征集方式为辅，取得了丰硕的成果，逐渐形成独特文物体系。

东北烈士纪念馆文物库房分为纸质类、纺织类、金属类、艺术品类等多个库房，库房设置有七氟丙烷消防系统、烟感防火系统及防盗监控报警系统，安置了高强度的AB锁防盗铁门，还配备有国内较先进的充氮杀虫灭菌系统。

1957年冬，东北烈士纪念馆工作人员三次进入位于桦川县与集贤县之间的东北抗联七星砬子兵工厂遗址发掘抗联文物200余件

1959年冬，东北烈士纪念馆工作人员从哈尔滨火车站向馆内运送征集来的文物

东北烈士纪念馆工作人员在抗联老同志王钧家征集文物

东北解放战争时期的文物运往东北烈士纪念馆

东北烈士纪念馆藏各类荣誉章、纪念章

东北解放战争时期的一组烈士日记

俄罗斯哈巴罗夫斯克地志
博物馆工作人员同东北烈士纪
念馆工作人员交流历史资料

学者萨苏（左）向东北烈
士纪念馆捐赠历史照片

东北烈士纪念馆在北京举
行文物捐赠仪式

# 部分文物图录

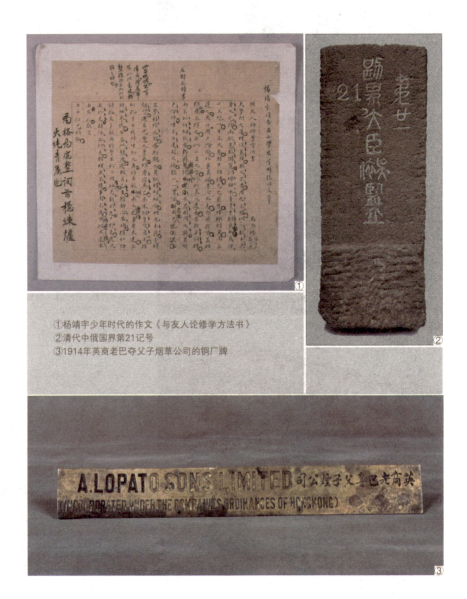

①杨靖宇少年时代的作文《与友人论修学方法书》
②清代中俄国界第21记号
③1914年英商老巴夺父子烟草公司的铜厂牌

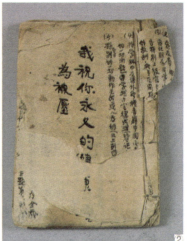

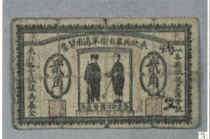

①1925年东省特别区市政管理局之印

②1931年魏拯民在安阳军校时的日记

③1932年东北民众自卫军通用钞票"贰角"

④1932年东北民众自卫军通用钞票"贰元"

⑤1933年赵一曼领导哈尔滨电车工人大罢工时使用的电车

⑥1935年北满抗日组织印发的《东北反日总会章程》

①1936—1938年东北反日延方抗日救国总会印

②1936—1938年抗联六军被服厂使用的缝纫机头

③1936年韩勇义帮助赵一曼从医院逃走时使用的皮箱

④1936年侵华日军为战死者造的碑文铜牌

⑤1936年周保中将军奖给赵永新的怀表

⑥1938年东北抗日联军第二路军总指挥部参谋处印

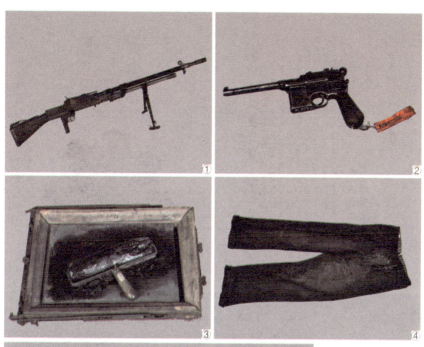

①1940年东北抗联第七军用过的轻机枪
②1942年东北抗联第三路军总参谋长许亨植使用的匣枪
③1942年东北抗联第五军使用的油印机
④1946年李兆麟将军遇害时穿的血裤
⑤1946年东北人民解放军炮兵司令员朱瑞给母亲和哥哥的信

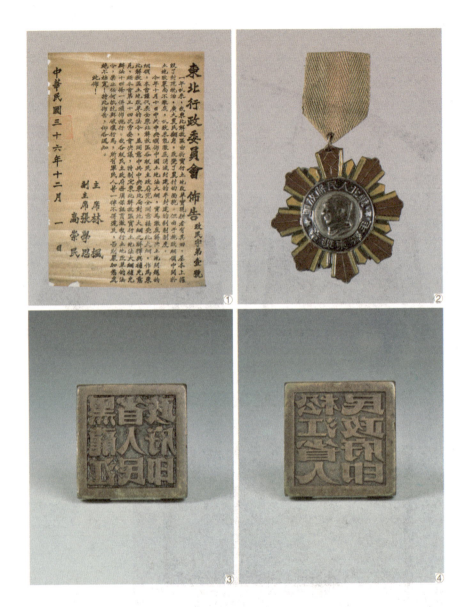

①1947年《东北行政委员会布告》
②1948年战斗英雄董存瑞同志荣获的毛泽东奖章
③1949年黑龙江省人民政府印
④1949年松江省人民政府印

①解放战争时期日籍军医佐木源吾使用的医疗手册
②1959年松辽油田第一个喷出原油的松基三号井喷油嘴
③1982年张华抢救坠入化粪池的老汉使用的竹梯

# 后　记

　　本书是对东北烈士纪念馆成长历史、陈展内容、学术成果和近年来所举办的各项爱国主义教育活动的简要介绍，是促进广大观众和读者深入了解东北烈士纪念馆进而深入了解东北地区革命与建设历史的宣传读物、参观指南，同时也是东北烈士纪念馆办馆理念、服务宗旨的综合展示。

　　书中内容包含东北烈士纪念馆几代工作者辛勤劳动所取得的丰硕成果和长期以来东北烈士纪念馆作为全国文物系统先进集体、爱国主义教育示范基地，为铭记历史、培育爱国主义精神、继承革命传统所做的各项工作及荣获的各项荣誉。它既是对历史的宣传，更是对历史的记录。愿其能够为广大观众、博物馆纪念馆历史研究爱好者和文博界同仁提供有益参考。

　　本书编写工作由刘春杰馆长策划并组织完成；王冬副馆长参与本书编写计划制订；于文生副馆长审定全部书稿；胡凤斌、孙桂娟、衣利巍、贾立庆、邓祁等多位同志参加编写工作。

　　由于成书时间仓促，错漏之处在所难免，恳请广大读者批评指正。

编者

2016年12月13日

作者：严 坚

# 八女投江

作者：王盛烈

作者：艾中信

攻克锦州

作者：任梦章　李树基　张洪赞　广廷渤

翻身图

作者：刘振铎　于海江